전략천재가 된 홍대리

일러두기
본 이야기는 특정 기업이나 특정 브랜드의 사업이나 상황과 관련 없는 허구의 소설로 만들어진 이야기임을 밝힙니다.

전략 천재가 된 홍대리

권경민 지음

디션
라이프

서문

하면 된다?
아니, 되면 한다!

　내가 제일 좋아하면서도 제일 싫어하는 말 중의 하나가 바로 '하면 된다'라는 말이다. '하면 된다' 정신을 좋아하는 어느 정도 연세가 있는 분들에게 '하면 된다'라는 말이 싫다고 하면 이런 나를 무턱대고 나약하거나 도전의식이 없는 사람이라고 생각할 수 있다. 그래서 나는 사람들 앞에서는 이런 이야기를 하지 않는 편이다. 그리고 '하면 된다'라는 말이 틀림없는 진실인 것도 사실이다.
　이 세상에는 해서 안 되는 것은 없다. 그 말은 될 때까지 하면 그 어떤 것도 다 된다는 말이다. 그래서 끝까지 포기하지 않는 이상 그 어떤 것도 '될 때까지' 하면 반드시 된다. 이것이 내가 '하면 된다'라는 말을 좋아하는 단 하나의 이유다.

하지만 불행하게도 우리의 수명은 그리 길지 않다. 될 때까지 하면 언젠가는 되겠지만 평생 그것만 하다가 죽을 수도, 혹은 아쉽게도 죽을 때까지 못할 수도 있다. 그리고 더욱 아까운 것은 될 때까지 하면서 시간과 열정과 노력을 쏟는 동안 다른 것들은 하지 못하거나 소홀하게 될 것이라는 점이다. 그것이 내가 '하면 된다'라는 말을 싫어하는 이유다.

'하면 된다'고 하기 전에 먼저 하고자 하는 일의 가치와 이를 하기 위해 내가 대신 어떤 것들을 포기해야 하는지를 생각해야 한다. 그래서 우리는 다소 뻐딱해 보일 수도 있는 이 말, '되면 한다'를 되새겨보자. 무턱대고 '하면 된다'고 시작하기 전에 그것이 정말 내가 원하는 '시간' 내에 할 수 있는 것인지, 혹은 내가 '잘'할 수 있는 것인지, 그것을 잘하려면 무엇을 어떻게 해야 좋을 것인지를 먼저 생각해야 하기 때문이다.

'전략'이라는 말의 원래 어원은 전쟁이나 경쟁에서 이기기 위해 어떤 작전이나 계획을 수립하고 그것을 실천하여 목적을 이루는 것을 말한다. 이때 우리는 '전략'을 생각하기 전에 '전쟁'이나 '경쟁'의 정확한 목적과 의미를 알아야 한다. 그리고 이기는 것에 대한 진정한 정의와 의미 또한 깨달아야 한다.

흔히 비즈니스 세계를 전쟁터에 비유하지만, 사실 우리의 삶은 비즈니스 세계보다 훨씬 더 가치 있고 훨씬 더 복잡하고 훨씬 더 치열하다. 그러나 우리는 태어나 자라면서 학생은 공부를 열심히 해야 하고, 직장인은 일을 열심히 해야 하는 것처럼 모두가 각자 맡은 자리에서 성실히 그리고 열심히 자신의 역할을 다 해야 한다고 배워왔다. 그 결과 진정한 자기 삶의 목적과 진실로 자신이 원하는 것이 무엇인지 고민하는 시간은 부족했다.

기업의 경영전략은, (아주 간단히 정리하자면) 기업이 '어떤 회사가 될 것인가'를 정의하고 그 방향에 맞춰 할 수 있는 사업과 할 수 없는 사업을 결정하고 선택과 집중에 의해 한정된 자원을 효과적으로 활용하여 사업을 성공시켜나가는 것이다.

따라서 개인 삶의 성공전략도 가장 먼저 '어떤 사람이 될 것인가'를 정의해야 한다. 그것은 다른 사람의 눈에 멋있어 보이는 삶도, 내 부모가 바라는 삶도 아닌, 바로 자신이 진정으로 원하는 자신의 모습을 찾는 것이다. 아마 삶의 성공전략에서는 그것이 가장 어려운 과정이 될 것이라 생각된다.

대부분의 사람들이 '어떤 사람이 될 것인가'에 대한 그림을 그릴 때 자신의 눈이 아닌 타인의 눈으로 자신을 바라본다. 하지만 타인의 눈에 비친 모습으로 '어떤 사람이 될 것인가'를 결정한다면, 우리 기업이 IMF 이전에 문어발식 사업다각화와 외형적으로 크고 멋진 기업이고자 했던 것과 다를 바 없다. '내가' 잘할 수 있을지 없을지에 대한 고민도 없이 무조건 남들이 하는 것을 따라서 사업을 확장하고 외부에서 자본을 빌려다가 외형을 키우는 것은 결국 부실을 가져온다. 또, 한 번 무너지기 시작하면 그것을 다시 추스르는 것은 훨씬 더 많은 자원이 필요하게 되며 어쩌면 영원히 원상복구가 불가능할 수도 있다.

중요한 것은 자신이 진정으로 원하는 모습, 다른 사람이 아닌 바로 자신이 만족감을 느낄 수 있는 스스로의 모습을 찾아 '내가 어떤 사람이 될 것인가'를 결정하는 것이다. 그리고 다른 사람이 아닌 바로 '내가' 잘할 수 있는 것이 무엇인가를 찾고, 그것을 하기 위한 '역량'을 기르고, 내가 가지고 있는 것들을 잘 배분하여 자신이 원하는 방향으로 한 발 한 발 향해 가는 것이다.

하지만 기업이나 개인이나 늘 그렇듯이 목표를 정하고 전략을 세워 열심히 실행해나간다고 해서 늘 성공하는 것은 아니다. 그래서 또한 정말 중요한 것은 '잘 포기하는' 것이다. 자기 자신에게 거짓이 없도록 되는 데까지 최선을 다했는데도 안 된다면 그것은 안 되는 것이다. 노력을 많이 한 것일수록 포기가 더 어렵고 마음은 너무나 아프겠지만 안 되는 것은 안 된다고 인정하고 정말 잘할 수 있는 것을 찾아야 한다. 이제까지 들어간 돈과 시간과 노력과 열정은 이미 매몰비용이기 때문이다. 기업에서도 전략적으로 가능성이 없는 사업은 빨리 포기하고 정리하는 경우가 많다.

1969년 프랑스와 영국이 합작하여 콩코드 비행기를 만드는 사업을 하였다. 엄청난 투자비를 들인 그들은 가망이 없는 사업이라는 것을 알면서도 그동안 들인 투자비가 아까워서 계속 진행하다가 총 190억 달러(약 21조 원)라는 엄청난 금액을 쏟아부은 끝에 결국 2003년 운행을 중단했다. 그 뒤로 이런 매몰비용 효과에 대하여 '콩코드 효과'라 불리게 되는 불명예만 남겼을 뿐이었다. 지금 당신의 삶에서 '콩코드'는 무엇인가? 진작 포기하고 버려야 하는데 그동안 쏟아부었던 것들이 아까워서 버리지 못한 '그것'은 무엇인가?

우리는 오늘도 열심히 일하고 있지만, 사실 우리가 속해서 일하고 있는 회사의 성공보다 훨씬 더 중요한 것이 바로 우리 삶의 성공 아니겠는가? 당신은 스스로의 성공과 행복을 위해 얼마나 고민하고 노력해왔는가?

당신이 정의한 당신 삶의 '성공'은 무엇인가? 그 '성공'을 이루면 당신은 진정 '행복'해질 것 같은가? 진정 당신은 어떤 사람이 되고 싶은가? 당신이 잘할 수 있는 것은 무엇이고 죽을 때까지 해도 안 되는 것은 무엇인가? 진작에 포기해야 하는데 아까워서 포기하지 못하고 질질 끌고 가고 있는 것은 무엇인가? 잘할 수 있는 것을 더 잘하고 미래에 잘하고 싶은 것을 잘하기 위해서는 어떤 역량을 기르고 어떤 준비를 해야 하는가? 당신은 지금 자신이 원하는 방향으로 삶을 한 발 한 발 걸어가고 있는가?

이 책을 읽으면서 이러한 질문들을 당신 스스로에게 해볼 수 있다면 당신이 원하는 삶을 살아가는 데 작은 도움이라도 될 수 있을 것이라고 생각한다. 마침 수많은 훌륭한 기업들과 경영학계에서 열심히 갈고닦고 확립해준 이 '경영전략'을 이용하여 우리 삶의 '성공전략'을 세울 수 있다는 것에 큰 감사와 희열을 느낀다.

언제나 당신의 작은 멘토이고 싶은,

권 경 민

등장인물 소개

홍인범 대리(남, 32세)

국내 최대 글로벌 전자회사 세별전자의 마케팅팀에서 근무하고 있다. 남들이 보기에는 멋진 삶을 살고 있으나 사실은 어떻게 살아갈 것인가 갈피를 잡지 못한 채 '직장인 사춘기'를 혹독하게 겪고 있다. 마케팅팀에서 일하다가 미래전략실로 자리를 옮긴 후론 고생도 고민도 2배로 늘었다. 일류 컨설턴트 정말로를 만나 회사의 미래전략은 물론 자신 삶의 미래 전략까지 차근차근 설계해나간다.

정말로 컨설턴트(여, 32세)

홍 대리의 고교동창이다. 고등학생 때는 존재감 없는 소녀였으나 미국의 명문 대학에서 MBA를 마치고 세계적인 컨설팅 회사에 입사한 후 미모의 전략 컨설턴트로 거듭났다. 홍 대리가 근무하는 세별전자에 경영 컨설팅을 하러 갔다가 우연히 홍 대리를 만난다. 일류 컨설턴트로서 알짜배기 전략을 홍 대리에게 전수해준다.

철저한 부장(남, 45세)

홍 대리에게 유독 엄격한 홍 대리의 직장 상사다. 보고서의 숫자 하나, 오타 한 글자까지 꼼꼼하게 잡아내 불호령을 내린다. 홍 대리가 벌벌 떠는 호랑이 상사지만 실상 알고 보면 주변 사람들을 살뜰히 챙기고 마음이 따듯하다. 무슨 일이든 철저하고 완벽하게 해내지만 임원으로 승진할 수 있을지 불투명해 고민이 많다.

최강수 과장(남, 32세)

홍 대리의 입사 동기다. 동기들 가운데 가장 빨리 과장으로 승진했다. 눈치가 빠르고 성공하고 말겠다는 목표 의식이 뚜렷하다. 순진하고 정직한 홍 대리와 달리, 자신에게 확실한 이득이 있다고 판단되면 거짓말도 서슴지 않는다. 홍 대리가 속내를 터놓는 둘도 없는 동료이자 친구였지만 같은 부서에 근무한 후론 사이가 냉랭해졌다.

어중간 부장(남, 42세)

홍 대리와 최 과장의 미래전략실 직속 상사다. 부드럽고 친절한 것 같지만 사실 속마음을 짐작할 수 없는 포커페이스다. 공평하고 합리적이지만 분명하게 입장을 정리하기보다 중간자적 태도를 취할 때도 많다. 실수가 있을 때 그 자리에서 크게 호통치는 철저한 부장과 달리 지켜보다가 결과로 나무란다.

차례

서문_하면 된다? 아니, 되면 한다! 4
들어가는 이야기 16

당신 삶의 전략은 무엇입니까?

전쟁 같은 직장생활, 당신의 전략은 무엇입니까? 20
초고속 승진한 입사동기의 비밀 26
내 '인생의 고객'을 만족시켜라 32
전략이 무엇인지 알고 쓰는 거니? 41
  전략이란 무엇일까?
변화할 의지가 없다면 한 발짝도 나아갈 수 없다 50
익숙한 것을 과감히 버릴 줄 아는 용기 56
실수를 하지 않음으로써 경쟁에서 승리하라 62
단점을 인정할 수 있어야 개선도 가능하다 68
  기업의 전략과 개인의 전략은 어떻게 다를까?

전략가가 되기 위해
가장 먼저 물어야 할 질문

성공하는 기업이 되기 위해 가장 중요한 것 76
　전략에도 계층이 있다
성공의 기준이 무엇일까? 87
큰일이다, 전략이 없다! 92
한정된 자원을 효과적으로 배분하라 101
　기업의 전략경영(경영전략)이란 무엇인가?
초고속 승진한 최 과장이 살아남는 법 111
어떤 사람이 될 것인가? 117
　가장 먼저 답을 내라, "어떤 회사가 될 것인가?"
전략에도 원칙이 필요하다 126

성공적인 전략가가 되기 위한
절대 요건

폭풍은 예고 없이 찾아온다 134
착하기만 해서는 성공할 수 없는 걸까? 140
　기업의 사회적 책임은 어디까지일까?
세상은 끊임없이 변화하고 전략은 진화한다 147
　블루오션 전략 vs. 레드오션 전략

경쟁 환경을 정확하게 읽고 분석하라 162
　　전략의 기초 단계에선 먼저, 외부환경분석
누가 나의 진정한 경쟁자일까? 170
　　지속적인 경쟁우위는 존재하는가
훌륭한 전략은 내부 분석에서 시작한다 180
　　사슬처럼 얽힌 내부 활동을 분석하라, 가치사슬모형
빨리 갈 것인가, 멀리 갈 것인가 188
　　수명주기에 맞는 전략으로 승부하라

4장
본격적으로
전략을 수립하고 평가하기

미래의 스타를 준비하라 202
　　미래를 준비하기 위해 반드시 알아야 할, BCG매트릭스
나의 핵심역량은 무엇인가 212
　　잘하는 건 강화하고 부족한 건 채워라, 핵심역량
얼마나 매력적인가? 219
　　산업환경을 분석하는 5가지 힘, 파이브 포스 모델
어떻게 확실하고 상세하게 분석할 것인가? 236
　　종합적으로 고려해 분석하라, 스왓 분석
정확하게 평가하고 통제하라 245
　　전략이 제대로 수행되었는지 평가하고 통제하라
세별전자 모바일 사업의 전략을 수립하라 254

5장
전략을 어떻게 현실로 만들 것인가?

작은 실수도 용납 마라, 회사는 전쟁터다! 262
때론 피하는 것도 전략이다 273
진심으로 맞서라 279
미래는 아무도 점칠 수 없다 284
성공하고 싶다면 너 자신에게 정직하라 292
미래는 과거의 결과가 아니다 298
인생에도 사랑에도 전략이 필요하다 305

나가는 이야기 315

들어가는 이야기

"어? 홍인범? 너 홍인범 아니야?"

홍 대리는 점심시간에 회사 건물 로비를 바쁘게 빠져나오다가 걸음을 멈추고 주변을 두리번거렸다. 그러나 홍 대리가 알 만한 사람은 보이지 않았다.

"홍인범! 너 맞구나!"

"네? 근데 누구……?"

홍 대리가 처음 보는 세련된 여자가 그를 보며 활짝 웃고 있었다.

"나야, 나 정말로!"

'응? 정말로? 어디서 들어본 이름인데…….'

하지만 홍 대리 평생 아는 여자들을 모조리 떠올려봐도 처음 보는 얼굴이었다.

"내가 너무 예뻐져서 못 알아보는 건가? 다산고등학교 2학년 9반 15번 홍인범! 나 28번 정말로야!"

홍 대리의 고등학교 때 반과 번호까지 기억하는 그녀는 과연 누구일까? 홍 대리는 어렴풋이 십여 년 전 그때가 떠오르기 시작했다.

"응? 정말로? 그 뚱…(뚱뚱하다는 이야기는 하면 안 되지) 아니, 못… (못생겼다는 이야기도 하면 안 되지) 어쨌건, 2학년 말에 전학 갔던 그 정말로?"

"그래, 그래, 이제 기억하는구나!"

정말로는 반가운 마음에 홍 대리 어깨를 툭툭 치면서 말했다. 그런데 홍 대리가 아는 정말로라면 이렇게 예쁘고 날씬할 리가 없었다. 그는 여전히 앞에 서 있는 여자가 낯설게만 느껴졌다. 그러나 정말로는 바로 어제도 만난 친한 친구처럼 허물없는 투로 말했다.

"너, 이 회사 다녀? 우와! 우리나라에서 제일 큰 회사 다니는 거 보니 성공했네! 그때도 뭐, 공부는 좀 하더니만."

"어, 그래……."

"야, 명함 하나 줘봐."

"어……."

홍 대리는 얼떨결에 지갑을 꺼내 명함을 한 장 건네주었다. 홍 대리의 명함을 보더니 정말로가 말했다.

"마케팅팀? 나는 지금 미래전략실에서 미팅이 있어서 가는 길인데?"

"응?"

일 이야기가 나오자 홍 대리는 정신이 번쩍 들었다. 점심 약속 시간에 늦을 것 같아 서둘러 나가던 길이라는 게 생각났다.

"근데, 정말 미안한데, 내가 지금 좀 바빠서……."

"아, 그래? 바쁘구나. 어쨌건 내가 네 명함 받았으니까 나중에 다시 연락할게. 다음에 또 보자."

정말로는 조금 아쉬운 표정으로 가볍게 손을 흔들었다.

"어. 그래……."

홍 대리는 그녀를 뒤로 하고 점심 약속 장소로 발걸음을 재촉했다. 정말로는 흥분한 표정을 감추지 못하고 홍 대리가 사라진 방향을 계속 바라보고 있었다.

1장
당신 삶의 전략은 무엇입니까?

전쟁 같은 직장생활,
당신의 전략은 무엇입니까?

'시간이 벌써 이렇게 되었네?'

글로벌 전자기업 세별전자 모바일 사업부 마케팅팀에 근무하는 홍 대리는 급한 발걸음으로 사무실로 돌아오고 있었다. 미래전략실에서 일하는 입사 동기와 만나서 이야기를 하다 보니 점심시간을 넘겨버린 것이다.

'벌써 1시 반이네. 점심 밥 오래 먹고 오면 우리 부장님 난리 날 텐데.'

홍 대리의 상사인 철저한 부장은 업무능력보다 근무태도를 더 중요하게 생각하는 사람이었다. 그래서 지각을 하거나 상사보다 일찍 퇴근하거나 점심시간을 오래 가지는 것을 매우 싫어했다. 홍 대리가 이 시간에 사무실로 들어가다가 걸리면 '점심시간이 도대체 몇 시부터 몇 시까지야?'라고 잔소리를 해댈 것이 분명했다.

홍 대리의 마음은 급하기만한데 이놈의 엘리베이터는 늘 말썽이다. 지금 홍 대리가 시간을 맞출 수 있느냐 없느냐는 엘리베이터를 얼마나 잘 타느냐에 달려 있다.

'자, 엘리베이터를 한 번 타더라도 제대로 이용하기 위한 전략이 필요해.'

홍 대리 회사의 엘리베이터는 모두 8대. 홍 대리는 주변에 엘리베이터를 기다리는 사람들을 둘러보며 8대나 되는 엘리베이터가 현재 어느 층에 서 있는지 파악하기 위해 빠르게 머리를 굴렸다. 그때, 홍 대리 앞에 있던 엘리베이터 문이 열리자 사람들이 몰려들기 시작했다.

홍 대리는 재빨리 문 열린 엘리베이터 앞을 빠져나와 가장 끝에 있는 엘리베이터로 향했다. 그는 이제 막 도착한 엘리베이터에 혼자서 유유히 탑승한 다음 얼른 문 닫힘 버튼을 눌렀다.

'방금 전 엘리베이터는 조금 일찍 도착하긴 했지만 많은 사람들이 타기 때문에 여러 층에 설 거란 말이지. 그러면 20층까지 가야 하는 나는 더 늦어질 수도 있어. 대신 대부분 사람들이 타고 난 다음에 온 엘리베이터를 타면 나 혼자 탈 수 있으니까 1층에서 출발은 늦게 했어도 20층에 더 빨리 도착할 수가 있겠지!'

홍 대리의 전략이 적중했다. 홍 대리가 20층에 도착했을 때 먼저 출발한 엘리베이터는 이제야 14층을 올라오고 있었다.
'역시 나는 전략적인 사람이야, 흐흐흐.'

스스로를 칭찬하면서 재빨리 사무실로 들어가려는 순간, 저 앞을 지나가는 철저한 부장이 보였다. 홍 대리는 재빨리 사무실 입구의 화장실로 들어가 세면대에서 대충 손에 물만 묻히고 곧바로 나와 철 부장에게 인사했다. 점심을 먹고 지금 들어온 것이 아니라 화장실에 다녀온 척을 하기 위해서였다. 7년 차 직장인의 꾸중을 피하는 전략이랄까.

"부장님, 식사하셨어요?"

홍 대리는 젖은 손을 탈탈 털면서 말했다. 철저한 부장이 대답했다.

"응. 그런데 홍 대리, 점심식사 시간이 몇 시부터 몇 시까지야?"

"아, 죄송합니다."

딱 걸렸다! 역시 전략이 늘 성공하기만 하는 것은 아니다.

"홍 대리, 이리 와 봐!"

"네? 네……."

철저한 부장의 부름에 홍 대리는 기가 죽은 표정으로 다가갔다.

"이거 제대로 한 거야?"

철저한 부장이 자신의 책상 위에 있는 보고서를 들고 소리를 질렀다. 홍 대리는 실수를 하지 않으려고 이번 보고서를 몇 번이나 확인하며 공을 들여서 만들었기 때문에 그가 어떤 내용을 지적하고 있는 것인지 영문을 알 수가 없었다. 특히 철 부장은 오타를 싫어하기 때문에 오타 확인까지 꼼꼼하게 완료한 보고서였다.

"이거, 3500억 원이야? 3500억 달러야?"

"네? 아……! 그거 3500억 달러입니다."

홍 대리는 '아차' 싶었다. 다른 보고서에서 그래프를 가져다 붙이면서 단위를 새로 입력하는 것을 깜빡한 것이었다.

"3500억 달러라고? 앞 장에는 죄다 원 단위로 만들어놨던데, 이것만 달러야?"

"네……. 죄송합니다. 다른 보고서에서 인용한 자료라 새로 단위 입력을 했어야 하는데……."

철저한은 소리를 꽥 질렀다.

"홍 대리! 3500억 달러하고 3500억 원하고 1000배도 넘게 차이 나는 거 몰라? 장난해?"

"죄, 죄송합니다."

홍 대리는 고개를 숙였다. 그래프 단위를 잘못 기입하는 것은 보고서를 만드는 사람 입장에서는 사소한 실수일 수도 있다. 하지만 그것을 근거로 마케팅전략을 수립하게 된다면 엄청난 손

실을 가져올 수도 있다. 철 부장이 저렇게 날뛰는 것도 너무한 일만은 아니었다.

"죄송합니다."

"죄송하다는 말 좀 그만할 수 없나? 죄송할 일 없도록 하면 될 거 아냐?"

혹시 오늘은 무사히 넘어갈까 했더니 역시 오늘도 또 깨진다.

"죄송. 이니, 앞으로는 실수가 없도록 너 열심히 하겠습니다."

"홍 대리, 누가 더 열심히 일하라고 했나? 열심히 안 해도 되니까 제대로 하라고!"

"네……."

홍 대리는 쥐구멍에라도 숨고 싶은 심정이었다. 기가 죽어 자리로 돌아오는데, 저쪽 대회의실 앞에서 정말로가 쳐다보고 있는 것이 보였다.

'뭐야, 언제부터 저기 있었던 거야?'

부장에게 깨지는 모습을 정말로가 다 지켜보고 있었던 것은 아닌지, 홍 대리는 걱정이 되었다.

'아, 쪽팔려.'

홍 대리는 쥐구멍이 아니라 땅속으로 꺼져버리고 싶었.

초고속 승진한 입사동기의 비밀

"너 미래전략실에서 근무해보고 싶은 생각 없어?"

홍 대리는 점심에 만났던 입사동기 최강수 과장의 이야기를 떠올렸다. 미래전략실에서 일하는 최강수는 그와 같이 입사하여 함께 신입사원 연수 과정을 지냈지만 2년 전에 이미 과장으로 특별 승진하였다.

2년 전 세별전자가 큰 폭으로 성장에 성장을 거듭하며 최고의 호황을 누리고 있을 때 수혜를 입은 직원들이 많았다. 회사에서는 크게 성장한 실적을 바탕으로 각 사업부별로 우수한 직원들에게 대대적인 특별 승진인사를 단행했는데, 그때 최강수가 다른 동기들보다 먼저 과장으로 승진을 한 것이다. 당시 최강수의 승진을 놓고 동기들 사이에서는 뒷말이 많았다.

"최강수 대리가 과장으로 특진할 만큼 뛰어난 성과를 낸 게 있나?"

"미래전략실이잖아! 핵심 부서에서 근무하니 당연한 거 아냐?"

"아니, 솔직히 미래전략실에서 한 일이 뭐 있냐? 맨날 말도 안 되는 걸 전략이라고 내려 보내서 현업에서 일하는 데 방해만 하지. 사실 우리 회사 실적이 이렇게 좋은 건 영업, 마케팅, 상품기획, 물류, 서비스 이런 현업부서에서 살해서 그런 거지, 미래전략실에서 특별히 한 건 없잖아."

"그래도, 뭐, 회사가 전반적으로 대대적인 승진인사를 실시하니 핵심 인력이 모여 있는 핵심 부서에서 승진자가 많이 나오는 건 당연한 거 아냐?"

"그래도, 최강수 대리가 과장으로 특진할 정도라면 홍인범 대리도 특진해야지. 홍 대리가 기획한 마케팅 프로모션이 꽤 여러 건 성공했잖아? 그래서 모바일폰 시장점유율도 많이 올라갔고. 또 최 대리보다는 홍 대리가 사람도 좋고 성실하잖아."

"어디 뭐, 회사가 사람 좋고 착하다고 승진시키는 것 봤어? 홍 대리가 이것저것 프로젝트에 다 참여하고 회사가 주는 일마다 않고 묵묵히 처리한 건 맞지만, 그렇다고 딱히 특진을 시킬 만한 명분이 없잖아.

또 홍 대리가 들어간 프로젝트들은 남들이 전부 하기 싫어해서 떠넘긴 것이잖아. 그때마다 착한 홍 대리가 맡아서 일하긴 했지만, 홍 대리가 한 프로젝트 중에 규모가 큰 프로젝트가 거의 없잖아."

"그러게. 그런 것 보면 회사 일은 열심히 할 필요가 없다니까!"

운도 실력이라고 했던가. 시기를 잘 탄 최강수는 다른 동기들보다 1년 먼저 과장을 달았고, 1년 후 홍 대리가 정식으로 과장 진급 대상이 되었을 때는 갑작스럽게 글로벌 경제 위기 사태가 벌어져 회사가 일시적인 긴축 상태로 들어갔기 때문에 승진 대상이 매우 줄어들었다.

"홍 대리, 정말 미안하게 되었어. 하필 연말에 글로벌 경제 위기가 닥쳐서 우리 회사도 승진인사를 대폭 축소하기로 했어. 그룹에서 전 계열사의 신규 채용 및 투자를 당분간 멈추라는 지시가 내려왔거든.

우리 팀에서도 한 명 정도만 승진이 가능할 것 같아. 그런데 홍 대리도 알다시피, 박상훈 과장이 이번에 차장 승진 대상이잖아. 박상훈 과장은 작년에 승진에서 이미 한 번 탈락을 한 참이라 이번에도 탈락하면 회사를 나가야 하는 분위기가 될 거야.

미안하지만 홍 대리가 이번에 양보를 해주면 내년에는 꼭 좋은 기회가 있을 거야."

그렇게 홍 대리는 그해 승진에서 탈락했다. 이러한 사정으로 같은 입사 동기인데도 최강수는 벌써 과장 2년차가 되고, 홍 대리는 여전히 대리 말년차로 남아 있는 것이다. 그런데 최근 들어 철저한 부장이 계속해서 홍 대리를 깨는 걸 보면 이번 승진도 어떻게 될지 불투명해 보였다.

"우리 부서기 이번에 인력 충원을 하거든. 너 혹시 생각 있으면 내가 우리 팀장님께 추천해줄게."

점심을 먹으면서 최강수 과장이 한 말이었다.

"미래전략실에서 인력 충원을 한다고?"

"그래. 너, 미래전략실은 인력 충원도 거의 없고 또 아무나 못 오는 거 알지?"

미래전략실이라면 그룹의 경영진들이 회사의 중요한 의사결정을 하는 가장 영향력 있는 부서이자 그룹에서 내로라하는 핵심 인재들이 모이기로 유명한 곳 아닌가?

"알지……. 그렇게 대단한 곳에 내가 갈 수 있겠냐?"

홍 대리는 자신이 없었다. 그룹의 핵심 인재만 모이는 곳이다 보니 가고 싶다고 해서 갈 수 있는 곳이 아니라는 것을 잘 알고 있기 때문이다.

"이번에 우리가 모바일 사업에 대해서 경험이 있는 대리급 직원을 한 명 충원하려고 계획하고 있거든. 너도 알겠지만 우리 부서는 웬만하면 공개채용을 하지는 않아. 먼저 경력이 있고 능력을 인정받는 인재를 내부 추천으로 뽑는 경우가 많지."

'능력을 인정받는 인재…….'

최강수가 말한 '능력을 인정받는 인재'에 자신은 해당되지 않을 것 같아서 홍 대리는 그 제안이 더더욱 남의 일처럼 느껴졌다.

"내가 대충 너네 사업부에서 후보자를 뽑아보니까 말이야, 막상 대리급으로는 적당한 사람이 별로 없더라고. 이런 말 하기는 좀 그렇지만, 웬만큼 능력을 인정받은 사람들은 이미 재작년에 대대적인 승진인사를 단행할 때 거의 다 과장으로 승진을 했더라고. 그런데 지금 우리가 필요한 건 대리급 인력이라서 말이야."

승진 못하고 대리로 남은 게 도움이 될 줄이야. 홍 대리는 상상도 못했다. 최강수는 이야기를 계속했다.

"그리고 무엇보다도 미래전략실 인력 충원은 외부 사람을 들이는 것보다는, 내부 사람들의 추천을 통해 내부 인력 중에서 능력 있는 인재를 영입하는 것을 중요하게 생각해. 내가 너를 추천하면 네가 큰 결격사항이 없는 한은 우리 미래전략실로 옮겨 올 수 있을 거야.

그리고 너 알지? 미래전략실 사람들은 승진도 잘되는 거. 물론 미래전략실에 있다고 다 승진하는 건 아니지만 말이야.

'운칠기삼(運七技三, 모든 일의 성패는 운에 달려 있는 것이지 노력에 달려 있는 것이 아니라는 말)'이라고, 나도 미래전략실이 아니라 너처럼 일반 현업부서에 있었으면 지금 과장을 하고 있을지 너처럼 과장 승진 밀리고 대리 달고 있을지 아무도 모르는 거 아냐?"

"그래도 나 같은 사람이 미래전략실로 갈 수 있겠어? 혹시나 간다 해도 잘할 수 있을지도 모르겠고."

여전히 자신 없는 표정의 홍 대리에게 최강수가 말했다.

"어쨌건 잘 생각해봐. 그리고 도전해보고 싶은 생각이 들면 나에게 알려줘. 내가 추천하면 우리 부장님께서 최종 결정을 하실 테니 말이야."

사람들이 모두 퇴근하고 나서 내일 올려야 할 보고서 때문에 야근을 하던 홍 대리는 점심시간에 최강수가 했던 이야기를 떠올리며 생각했다.

'그래. 우리 부장님도 나만 미워하고 다음 승진에서 과장으로 승진할 수 있을지 없을지도 모르는데, 미래전략실로 옮겨갈 수만 있다면 시도는 해봐야 하지 않을까?'

그런 생각을 하다가 홍 대리는 또 문득 자신이 없어졌다.

'그래 매일 실수만 하고 깨지는 내가 뭘 할 수 있겠어?'

"어, 홍인범? 야근이네?"

그때 누군가가 홍 대리의 어깨를 툭 쳤다.

내 '인생의 고객'을 만족시켜라

"학교 다닐 때도 묵묵히 공부만 하더니 직장에서도 묵묵히 일만 하나 보다?"

돌아보니 정말로가 홍 대리를 바라보고 있었다.

"어, 그게……."

홍 대리는 너무 오랜만에 만나서 그런지 아직도 정말로가 고등학교 동창처럼 느껴지지 않아 어색하기만 했다.

"나, 오늘부터 저쪽 프로젝트룸에 들어와 있어."

정말로가 가리키는 쪽을 바라보니 회의실에 '맥스턴 경영컨설팅 그룹 경영전략 프로젝트'라고 써 있었다. 맥스턴 경영컨설팅 그룹이라면 세계적으로 가장 유명한 컨설팅 회사 아닌가? 정말로가 그런 대단한 컨설팅 회사에서 일하는 컨설턴트라니!

"맥스턴 경영컨설팅에서 우리 회사 경영전략 프로젝트를 하는 거야?"

"응. 프로젝트 내용은 최고 경영진 이상만 알아야 하는 내용이라 너에게 자세히 말은 못해주지만, 어쨌건 앞으로 잘 부탁한다!"

"그래……."

홍 대리는 정말로가 어색했지만 기억을 되살려보면 분명히 고등학교 때는 꽤 친했다. 그때는 홍 대리가 정말로보다 공부도 훨씬 더 잘했던 것 같은데, 지금 모습은 정반대다. 당당하고 능력 있는 세계적인 컨설팅 회사의 전략 컨설턴트 앞에서 된통 깨지는 모습까지 들켜버렸으니 무능력한 직장인이 된 것 같은 기분이었다.

"너, 저녁은 먹었어? 내가 우리 프로젝트팀 컨설턴트들하고 나누어 먹으려고 김밥을 3인분이나 샀는데 와보니 다른 분들은 다 퇴근하고 없네. 같이 먹자!"

"어? 어……."

거절할 틈도 주지 않고 정말로는 홍 대리를 끌고 사무실 한 켠에 있는 휴게실로 가고 있었다. 사실 배가 고팠지만 보고서도 언제 끝날지 기약이 없고 밥 먹으러 내려가기도 귀찮았던 홍 대리는 못 이기는 척 그녀를 따라 휴게실로 가서 앉았다.

정말로는 홍 대리 앞에 김밥과 음료수를 풀어놓더니 우걱우걱

씹어 먹으며 말했다.

"근데 나 학교 다닐 때 공부 잘 못했잖아? 이렇게 전략 컨설턴트로 나타나니 신기하지 않냐?"

그렇긴 했다. 홍 대리의 기억에 정말로는 예쁜 편도 아니었고 공부도 잘하지 못했다. 다만 성격이 털털해서 좋은 남자친구 같은 여자친구로 기억이 남아 있다. 그리고 어느 날, 그녀는 고등학교 2학년을 채 마치지 않고 미국으로 가버렸다.

"내가 그때 공부를 못했지만 그래도 영어는 좀 했지. 그래서 미국 가서 좀 덜 고생했는데, 문득 정신을 차리고 보니 다른 과목에서도 공부를 잘하고 있더라고. 크크크."

정말로의 이야기를 듣던 홍 대리는 문득 열심히 공부했던 학창시절이 떠올랐다. 어렵게 공부하고 어렵게 취직해서는 매일 깨지기나 하고 하루하루 힘겹게 직장생활을 하다니, 자신의 모습이 한심하게 느껴졌다. 골똘히 생각에 잠긴 홍 대리를 앞에 두고 정말로는 이야기를 이어갔다.

"미국에서 대학 졸업하고 맥스턴 컨설팅 그룹 본사에 입사했어. 그러다가 다시 한국으로 오고 싶어서 한국 사무실로 지원을 했고. 한국에 와서 이렇게 우리나라 최고, 아니 세계 최고의 회사인 세별전자에 와서 컨설팅 프로젝트를 하게 되었고, 여기서 딱! 너를 다시 만나게 되었지 뭐냐!"

홍 대리는 당당하고 멋있는 모습으로 나타난 정말로가 대단하게 느껴졌다. 비록 회사 안에서는 매일 부장에게 깨지는 무능한 대리 나부랭이지만 밖에 나가서는 우리나라 최고의 세별전자를 다닌다고 어깨에 힘 좀 주던 홍 대리도 정말로 앞에서는 그럴 수가 없을 정도였다.

너무 예쁘고 세련된 모습으로 나타난 정말로가 처음 보는 사람처럼 낯설었지만, 이렇게 마주 앉아서 우걱우걱 김밥을 씹어대는 걸 보니 십여 년 전 정말로의 모습이 확실하게 떠올랐다.

"그런데 내가 미국으로 전학 갈 때 우리는 언젠가 다시 만날 거라고 말했잖아. 기억 안 나? 간절히 바라면 이루어진다는 말이 맞나 봐. 이렇게 너를 다시 만나게 되다니, 이건 정말 운명이지 않아?"

정말로가 홍 대리는 전혀 기억도 나지 않는 오래전 일을 떠올리면서 감동적이라는 표정으로 말했다.

"근데, 너네 부장님은 좀 까칠해 보이더라?"
정말로가 말했다.
'아, 내가 깨지는 걸 다 봤구나.'
홍 대리는 갑자기 부끄러워졌다.

"응, 원래 매사에 철저하신 분이지. 보고서에 오타 한 글자도 그냥 넘어가는 법이 없어. 보고서에 데이터가 조금이라도 이상하면 그걸 어떻게 귀신 같이 알아채고 난리가 나지. 그래서 사실 좀 피곤해."

홍 대리가 철저한 부장 탓을 하면서 말했다.

"음, 그렇긴 하겠다. 근데 그러면 오타 안 내고 데이터 정확하게 맞춰서 보고하면 되잖아? 오히려 그런 완벽주의 상사가 더 편할 수도 있는데."

정말로는 조금 이해가 안 된다는 표정으로 말했다.

"완벽주의 상사가 더 편할 수도 있다고? 그건 네가 잘 몰라서 하는 소리야."

홍 대리는 자기도 모르게 발끈 화를 내었다. 그러자 정말로가 깜짝 놀라서 사과를 했다.

"어, 미안해. 내가 잘 몰라서 한 말이야. 우리 같은 컨설턴트들은 보고서 한 글자 한 글자 데이터 하나하나에 워낙 신경을 쓰다 보니, 그런 실수는 별로 없어서 말이야. 오히려 그런 실수를 골라내 알려주는 상사가 더 편할 수도 있어서 하는 말이었어.

컨설턴트들에게는 내용으로 지적하는 사람이 정말 힘들거든. 오타나 데이터 실수는 다시 고치면 되지만 내용이 맘에 안든다고 하면 정말 답이 없는 거야. 지적은 아무나 할 수 있잖아. 몇 달 동안 밤새워서 보여주는 프로젝트인데 콘텐츠(contents, 내용)나 콘텍스트(context, 맥락)가 마음에 안 든다고 하면 정말 답이 없거든."

정말로의 이야기를 들으니 괜히 자기도 모르게 화를 낸 홍 대리는 미안한 마음이 들었다.

"그렇구나. 내가 요즘 우리 부장님 때문에 너무 스트레스를 받아서 나도 모르게 화를 냈나 봐. 미안해. 우리 부장님은 왜 나만 미워하는지 모르겠다."

홍 대리는 이제까지 아무에게도 하지 못한 이야기를 정말로에게 꺼내고 있었다.

"부장님이 너만 미워한다고?"

정말로는 홍 대리를 보며 말했다.

"응. 나만 특별히 미워해."

그녀가 빤히 쳐다보자 홍 대리는 괜히 부끄러워졌다.

"만약 그렇다면, 너는 그 원인이 어디에 있다고 생각하니?"

정말로는 여전히 홍 대리를 바라보며 물었다.

"이야기했잖아, 우리 부장님은 까다로운 완벽주의자라고."

정말로가 컨설턴트답게 질문하기 시작하자 홍 대리는 괜히 마음이 불편해졌다.

"홍인범, 그런데 너는 그 원인이 정말 부장님에게 있다고 생각하니?"

"당연하지. 솔직히 나는 회사에서 시키는 일이나 부장님이 하라는 일에 최선을 다했다고."

정말로가 홍 대리를 빤히 쳐다보면서 다시 물었다.

"홍인범, 너 마케팅팀이잖아?"

"그래. 근데 뭐?"

홍 대리는 황당하다는 듯 대답했다. 그러자 정말로가 다시 진지한 표정으로 물었다.

"너 만약에 소비자가 너희 회사 제품이나 서비스를 싫어하면 그게 소비자 탓이라고 생각하니? 아니면 너희 회사가 소비자를 만족시키지 못해서라고 생각하니?"

"무슨 소리야?"

홍 대리가 황당하다는 듯 되물었다. 정말로는 더 진지한 표정으로 말했다.

"너희 회사가 정말 엄청난 투자비를 들여서 엄청난 제품을 출시했다고 해보자. 그런데 막상 출시를 하니 소비자들한테 별로 인기가 없어. 그러면 훌륭한 제품을 못 알아보는 소비자가 잘못한 거니, 아니면 소비자들에게 제품의 가치를 제대로 전달하지 못한 회사가 잘못한 거니?"

"자꾸 무슨 소리야?"

홍 대리는 짜증이 나기 시작했다.

정말로가 홍 대리를 보며 말을 이었다.

"기업은 고객만족을 최우선으로 추구하지? 기업은 고객만족을 위한 경영을 하고, 그를 통해서 이윤을 얻고."

"그래서 뭐?"

"너의 고객은 누구니?"

"당연히 우리의 고객은 우리 제품을 구매하는 소비자들이지."

홍 대리는 황당하다는 듯이 말했다.

"아니, 아니. '너희 회사의 고객' 말고 '너의 고객' 말이야!"

정말로기 홍 대리를 진지한 표성으로 바라보았다.

"나의 고객?"

홍 대리가 헷갈리는 표정을 짓자 정말로가 말했다.

"우리 둘 다 바쁜 사람이니 내가 먼저 정답을 말해줄게. 직장생활에서 '너의 첫 번째 고객'은 바로 너의 상사야."

'뭐라고? 내 직장생활에서 나의 첫 번째 고객은 나의 상사라고?'

홍 대리는 정말로의 말이 이해가 되지 않았다. 정말로는 계속 말을 이었다.

"아까 내가 물어봤었지? 소비자가 너희 회사 제품을 싫어하면 그게 소비자 탓인지, 아니면 소비자를 만족시키지 못한 회사 탓인지. 같은 맥락에서 상사가 너를 싫어하면 그게 상사 탓이니, 아니면 상사를 만족시키지 못하는 네 탓이니?"

"그건……. 야, 그건 달라! 우리 부장님은 절대로 만족시키지 못해. 너무나 철저한 분이시라, 내가 밤을 새서 완벽한 자료를 만들어서 보고해도 꼭 맘에 안 든다면서 어떻게든 작은 꼬투리라도 잡아서 사람을 깬다고!"

홍 대리가 미처 대답을 하지 못하고 다시 짜증을 냈다. 정말로는 다시 홍 대리를 빤히 쳐다보았다.

"홍인범. 내가 좀 전에 또 물었지? 만약에 너네 회사가 엄청난 투자를 해서 굉장한 제품을 만들었는데 소비자들이 외면하면 그게 제품의 가치를 못 알아보는 고객 잘못인지, 아니면 고객에게 가치를 제대로 전달하지 못한 회사 잘못인지?

그걸 회사생활에 대입해 생각해봐. 네가 피나는 노력을 해서 엄청난 일을 해냈는데도 상사가 맘에 안 들어한다면 네 능력과 노력을 못 알아보는 상사 잘못이냐, 아니면 너의 상사에게 제대로 그 가치를 전달하지 못한 너의 잘못이냐?"

'갑자기 나타나서 나한테 왜 이러는 거야?'

홍 대리는 갑자기 정신이 혼란스러웠다.

"어머, 벌써 시간이 이렇게 되었네? 나 내일까지 정리해야 하는 거 있는데. 자세한 건 내일 만나서 이야기해줄게. 내일 점심 때 시간 되지? 네가 밥 사라!"

정말로는 그렇게 말하고는 김밥을 먹던 자리를 정리하고 프로젝트룸으로 돌아가버렸다.

홍 대리는 뭔가에 한 대 맞은 듯 멍하니 그 자리에 서 있었다.

전략이 무엇인지
알고 쓰는 거니?

다음 날 아침, 홍 대리는 또 지각이었다.

왜 아침마다 1~2분 차이로 항상 마음을 졸이는 걸까? '매일 5분만 일찍 나오자'고 마음먹지만, 막상 아침에는 5분이라도 더 자고 싶고 의지가 약하다 보니 나오는 시간은 늘 똑같았다.

집에 가서 늦게까지 텔레비전을 보거나 밤늦은 술자리를 가지지 않는다면 다음날 별문제 없이 5분 일찍 일어날 수 있을 것 같은데, 늘 마음먹은 대로 되지 않는다. 특히 요즘에는 고민이 많아 새벽에야 겨우 잠이 들어 아침에 일어나기가 더욱 힘들었다.

급한 마음에 비좁은 사람들 틈을 헤치고 지하철을 올라탔을 때 엄마의 전화가 왔다.

"너, 오늘이 네 생일인 건 알고 있지? 미역국은 끓여 먹었니?"

엄마의 전화를 받고서야 홍 대리는 오늘이 자신의 생일이라는 사실을 떠올렸다. 갑자기 더 서러움이 밀려왔다. 그래도 그는 아무렇지도 않은 척 대답했다.

"네, 엄마. 어제 퇴근길에 소고기 조금 사서 미역 물에 담궈 놨다가 아침에 간단히 끓여서 먹었어요."

물론, 거짓말이다.

"밥도 할 줄 모르는 놈이 어지간히도 미역국 끓여 먹었겠다."

"진짜 끓여 먹었어요. 밥하고 미역국 끓이는 게 뭐가 그리 어렵다고요?"

엄마가 뻔히 알고 있다는 사실을 알면서도 홍 대리는 우겨보았다. 가끔은 하얀 거짓말을 해주는 것이 서로에게 좋을 때가 있다. 남에게 피해를 주지 않는 하얀 거짓말을 조금씩 하면서 살아가기. 이런 조그마한 삶의 전략이 행복으로 이어지기도 한다.

그러나 홍 대리는 유독 철저한 부장 앞에서는 늘 불편하기만 해서 하얀 거짓말의 일종인 아부성 멘트조차 할 수가 없었다. 하얀 거짓말은커녕 요즘은 철저한 부장과 마주치는 것도 불편할 정도였다.

홍 대리의 고향 사람들과 친인척들은 홍 대리가 서울에 있는 좋은 대학 나와서 우리 나라 최고, 아니 세계 최고의 세별전자에 취직해서 잘 먹고 잘살고 있다고 알고 있다. 하지만 서울에서 코

딱지만 한 방이라도 하나 얻어 자취하면서 직장생활을 한다는 것이 그리 멋있는 삶만은 아니라고 생각하니 홍 대리는 문득 더 서러운 마음이 들었다.

'오늘 점심 어디서 뭐 사줄 거냐?'

정말로의 문자였다. 어제 정말로가 던진 말들을 생각하면 밥은 커녕 친구로서의 인연을 끊고 싶지만, 사실 그녀가 한 말이 직설적이긴 해도 틀린 것은 하나도 없었다. 마음은 상했지만 그래도 홍 대리는 전략 컨설팅 전문가인 정말로의 이야기를 들어보기로 결심했다.

"홍 대리, 오늘은 왜 또 지각인가?"

출근 시간보다 단 2분을 지각했을 뿐인데 언제 왔는지 철저한 부장이 차갑게 물었다. 늘 하던 습관처럼 철 부장은 정각 9시에 팀원들의 자리를 매의 눈으로 보면서 아직 사무실에 오지 않은 지각자를 체크했을 것이었다.

"아, 죄송합니다. 제가 어제 야근을 좀 하느라고…….."

홍 대리는 수그러드는 목소리로 고개를 푹 숙였다.

"쯧!"

철 부장은 고개를 저으며 지나갔다.

'오늘도 또 깨지는 하루가 시작되었구나.'

생일날 아침부터 꾸중을 들은 홍 대리는 우울하기만 했다.

점심시간에 홍 대리와 정말로는 회사 앞 안동국시 집에서 만났다.

"홍인범, 은근 센스 있는데? 내가 국수 좋아하는 거 어떻게 알았냐?"

정말로가 홍 대리를 툭 치면서 말했다.

"네가 먹는 거 안 좋아한 적 있냐?"

"하긴 그래, 킥킥."

자리를 잡고 앉자마자 정말로가 가방에서 뭔가를 꺼내면서 말했다.

"너 오늘 생일이지?"

"응? 네가 어떻게 내 생일을 다 기억하고 있냐?"

홍 대리는 깜짝 놀라서 물었다.

"야, 내가 모르는 게 뭐 있냐? 자, 이거 생일 선물."

정말로는 아무렇지도 않은 듯 뭔가를 쑥 내밀었다.

"이게 뭐야?"

"보면 몰라? 너 생일 선물이야. 내가 특별히 너를 위해 까다롭게 고른 선물이다. 바로 『전략 천재가 된 홍 대리』라는 책이지. 세계적 기업인 세별전자에서 근무하고 계시는 홍인범 대리님께서 전략이 뭔지 모를 리는 없겠지만 말이야.

어쨌든 그 책은 읽기도 재미있고 쉽고 간단하게 전략이 뭔지를 알려주는, 그것도 경영전략이라기보다는 인생전략 같은 걸 알게 해주는 참 좋은 책이니 꼭 읽어봐라. 나도 전략 컨설턴트지만, 그 책을 읽고 새로운 시각으로 내 인생의 미래전략을 다시 한번 생각해보게 되었거든."

정말로는 『전략 천재가 된 홍 대리』의 홍보내사라도 되는 듯 말했다.

"응. 고마워."

홍 대리는 예상치도 못한 생일선물에 살짝 감동을 받았다. 홍 대리는 책을 가만히 들여다보다가 말했다.

"그런데, 전략이라는 게 도대체 뭐냐?"

그렇지 않아도 미래전략실에 관심이 있던 홍 대리는 잘됐다 싶은 마음으로 정말로에게 전략에 대해 물어보기로 했다.

"전략이 뭐냐고? 음. 사실 나도 전략 컨설턴트이긴 하지만 말이야, 전략이 뭔지 한마디로 정의하기는 매우 어렵거든. 근데 너도 마케팅팀에 있으니까 마케팅전략이라는 말은 자주 썼을 거 아냐?"

정말로가 말했다.

"응. 평소에 마케팅전략이라는 말은 많이 썼지만, 사실 어떤 계획을 수립할 때 그냥 쉽게 전략이라고 말을 붙인 거지, 뭐."

그러고 보니 홍 대리는 전략이 뭔지 제대로 이해도 못하면서 쉽게 아무데나 전략이라는 말을 갖다 붙여 써왔다. 정말로가 대답했다.

"그래, 기업에서는 전략이라는 말을 참 쉽게 사용하지. 마케팅전략, 경영전략, 미래전략, 전략기획, 전략마케팅, 전략적 운영, 전략적 접근, 전략적 사고 등등. 그런데 막상 전략이라는 것을 정의하기는 참 어려워. 그럼에도 불구하고 한마디로 말하자면 '한정된 자원에 대한 선택의 문제'라고 할까?"

'한정된 자원에 대한 선택의 문제?'

홍 대리에게는 그 말도 어렵기만 했다.

"야, 나 배고파 죽겠다. 전략이고 뭐고 일단 이것 좀 먹고 이야기하자."

정말로는 국수를 후루룩 먹으면서 말했다.

홍 대리는 멍한 표정으로 정말로와 그녀가 선물한 책을 번갈아 바라보았다.

전략이란 무엇일까?

우리는 직장생활이나 일상생활에서 '전략'이라는 단어를 자주 사용하고 있다. 그러나 '전략이란 무엇인가'에 대해 간단히 정의 내릴 수 있는 사람은 많지 않을 것이다.

우리가 흔히 이야기하는 '전략(Strategy)'이라는 말의 어원은 그리스어 'Strategos'로, '군대(Stratos)를 이끌다(Lead)'는 뜻인 'Strategy'가 그 시작이다. 오늘날 'Strategy'의 사전적 의미를 찾아보면 '특정 목표를 달성하기 위한 계획'이라고 나와 있다.

반면에 한글로 '전략'의 사전적 의미를 찾아보면 '전쟁을 이끌어가기 위한 방법이나 책략으로 전술보다 상위 개념'이라고 나와 있기도 하다. 쉽게 생각하면 전략이란 '전쟁에서 승리하거나 어떤 목표를 달성하기 위한 계획이나 작전을 짜는 것'으로 생각할 수 있다.

전략을 정의하는 방식은 전문가들마다 다양하다. 전문가들의 다양한 정의와 견해를 살펴보면 다음과 같다.

- 랄프 쇼이스(Ralph Scheuss): "전략은 정해진 목표를 관철시키고, 가지고 있는 수단(자원)을 목적에 맞게 투입하고, 참여자들의 의사결정권이 정해진 목표를 달성하기 위해 사용되도록 조정하는 과정을 통해 구체적으로 실현된다."
- 알프레드 챈들러(Alfred Chandler): "전략이란 기업의 장기적인 목표를 결정하고 그 목표를 달성하기 위한 행동을 선택해 경영자원을 배분하는 것이다."
- 케네스 앤드루스(Kenneth Andrews): "전략이란 기업의 목표와 그 목표를 달성하기 위한 여러 가지 계획이나 정책을 말한다. 또한 전략은 그 회사가 어떤 사업 분야에 참여해야만 하고 그 회사가 어떠한 성격의 회사이어야 하는가를 결정하는 중요한 이론이다."

- 안소쓰(Ansoff)와 맥도넬(McDonnell): "전략은 조직의 행위를 이끄는 일련의 의사결정 원칙이다."
- 오마에 겐이치(Ohmae Kenichi): "경영전략은 한마디로 '어떻게 하면 경쟁자에 비해서 경쟁우위를 가질 것인가' 하는 문제다. 경영전략은 효율적인 방법으로 경쟁자에 비해서 그 기업의 경쟁우위를 상승시키는 노력이라고 볼 수 있다."
- 손자(孫子): "전략이란 생존에 중요한 역할을 하는 것으로서 삶과 죽음의 문제이기도 하며 안전과 존망에 영향을 미치는 것이다. 어떠한 경우라도 전략을 소홀히 여겨서는 안 된다."

이처럼 경영전략은 많은 학자들과 전문가에 의해 다양하게 정의되고 있다. 하지만 각각의 정의를 살펴보아도 여전히 전략을 명확히 정의하기란 어렵고 애매하기만 하다. 하지만 이는 전략에 대한 정의뿐만 아니라, 다른 모든 것의 정의에 있어서도 마찬가지다. 깊은 지식과 고민이 없이 무언가를 정의 내리기는 불가능하기 때문이다. 누군가 훌륭한 학자나 선구자가 자신의 언어로 정의를 내려놓은 것을 단순히 암기하여 활용하는 것도 나쁘지 않겠으나, 자신만의 언어로 정의를 내릴 수 있어야 진정으로 그것을 이해했다고 볼 수 있다.

이 책의 마지막을 덮을 때쯤에는 당신만의 언어로 자신의 삶에서 전략을 '정의' 내리고, 자신만의 '미래 목표'를 설정하고, 그를 달성하기 위한 '계획과 작전'을 제대로 '수립'하고 '실행'하고 '평가'하여 당신의 미래 목표를 이루어나갈 수 있기를 바란다.

변화할 의지가 없다면
한 발짝도 나아갈 수 없다

"너 안 먹냐?"

홍 대리가 멍하니 책 표지만 바라보고 있자 정말로가 물었다.

"너 그거 안 먹을 거면, 내가 먹을까?"

어느새 정말로는 국수 한 그릇을 다 비운 뒤였다.

"그래, 너 먹어."

홍 대리는 국수를 듬뿍 덜어 주었다.

"야. 너, 혹시 요즘 잘 먹지도 못 하고 잠도 잘 못 자고 그러냐?"

그런 홍 대리를 이상하게 바라보면서 정말로가 물었다.

"응……."

홍 대리는 힘없이 대답했다.

"혹시, 너 직장인 우울증 뭐 그런 거냐?"

정말로가 걱정스러운 표정으로 물었다. 직장에서 받는 스트레스 때문에 직장인 우울증을 겪는 사람이 점점 더 많아진다고 하더니 홍 대리도 그런 건지 모른다. 매사에 의욕이 없고 잘되는 일도 없고 즐거운 일도 없으니 말이다.

"글쎄. 요즘은 정말 아무리 노력해도 안 되는 일도 있다는 것을 매일매일 깨닫고 있는 것 같아."

홍 대리가 힘없이 말하자 정말로가 아무렇지도 않은 듯 대답했다.

"맞아!"

"응?"

"네 말이 맞다고. 아무리 노력해도 안 되는 일도 있다고."

안 그래도 가뜩이나 우울한 홍 대리에게 이건 또 무슨 더 우울한 말인가?

"이 세상엔 말이야, 아무리 노력해도 안 되는 일도 있어. 그러니까 되는 일에 노력을 해야지. 그래서 전략이 필요한 거야."

"뭐라고?"

"이 세상에는 아무리 노력해도 안 되는 일도 있고 또 우리가 가진 자원도 한정적이잖아. 너 돈 많아?"

"아니."

"너 똑똑해?"

"한때는 그렇다고 생각한 적도 있었는데 요즘 같아서는 전혀 아닌 것 같아."

"너 시간이 펑펑 남아돌아?"

"전혀 그렇지 않지."

"너 혹시 세별그룹 회장님하고 아는 사이라거나 아니면 엄청난 백이라도 있어?"

"아닌 거 알면서 왜 자꾸 그래?"

홍 대리는 또 슬슬 짜증이 나려고 했다. 정말 직장인 우울증에 걸린 것인지 요즘 홍 대리는 예전보다 예민해지고 짜증이 늘었다.

"그러니까 아무리 노력해도 죽어도 안 될 일들은 접고 될 만한 일들을 찾아내서 거기에 너의 자원을 배분해야 하는 거야. 그것이 바로 전략이지."

정말로의 말에 홍 대리는 알 듯 말 듯 고개를 저었다. 정말로는 계속 이야기했다.

"그러니까, 착하고 성실하게 노력하는 것만이 정답은 아니라는 거야. 아무리 노력해도 안 되는 것이 있는데 거기다가 아무리 착하고 성실하게 노력해봤자 시간 낭비에 노력 낭비라는 거지. 자원배분을 잘못해서 잘할 수 있는 일조차 실패할 수도 있거든."

홍 대리는 정말로를 바라보았다.

'착하고 성실하게 노력하는 것만이 정답은 아니라고?'

하지만 홍 대리는 평소 그가 믿고 있는 신념을 정말로에게 이야기했다.

"그래도 언젠가는 진심은 통한다고 생각해!"

언젠가 반드시 진심은 통한다는 것이 홍 대리의 인생모토이기에 홍 대리가 힘을 주어 말하자 정말로가 갑자기 진지한 표정으로 그를 바라보았다.

"그래, 나도 그렇게 생각해. 언젠가는 진심이 반드시 통하겠지. 그런데, 그때까지 무작정 기다리기에는 인간의 수명이 너무 짧잖아. 그리고 우리가 힘들고 괴로워하면서 진심이 통할 때까지 기다리고만 있기에는 다른 더 재미있고 가치 있는 일들이 너무 많잖아!"

'뭐라고? 더 재미있고 가치 있는 일들이 너무 많다고?'

홍 대리는 살아오면서 한 번도 그런 생각을 해본 적이 없었다. 홍 대리는 그저 학생으로서 열심히 최선을 다해 공부하고 직장인으로서 열심히 최선을 다해 일을 하는 것이 올바른 삶의 자세라고만 생각해왔기 때문이다. 그래서 착하고 성실하게 노력하다 보면 언젠가는 진심이 통하리라고 생각하고 살아왔다.

그러나 정말로의 관점에서 다시 생각해본다면 홍 대리가 아무리 노력하고 진심이 통한다는 믿음으로 착하고 성실하게 살아간다고 해도, 사람의 수명은 한정되어 있고, 더구나 청춘도 한정되어 있고, 더더구나 홍 대리의 직장생활 기간도 매우 한정되어 있다. 진심이 통하기만을 기다렸다가는 결국 진심이 통하기도 전에 홍 대리는 직장에서 고생하며 스트레스만 받다가 결국은 잘리거나 스스로 때려치우거나 병이 들거나 하는 최악의 상황이 벌어질 것 같기도 했다.

홍 대리는 적지 않은 충격을 받았다. 정말로는 그런 홍 대리의 마음을 아는지 모르는지 국수를 먹으면서 계속 말했다.

"그래서 인생에도 전략을 세워야 해. 그리고 기업이든 개인이든 성공을 위한 전략을 수립하기 위해서는 가장 먼저 '변화'를 받아들여야 해."

'변화를 받아들여야 한다고?'

"네가 변화할 의지가 없다면, 결국 지금 상황과 달라지는 것은 아무것도 없을 거야. 앞으로도 너희 부장님은 너만 미워할 거고, 아니 부장님이 너만 미워한다고 너는 계속 생각할 것이고, 그것은 네가 아무리 지금까지처럼 노력한다고 해도 결코 바뀌지 않을 거야. 그러면 너의 우울증도 좋아지지 않겠지."

홍 대리에게 이런 이야기를 하는 사람은 처음이었다. 홍 대리는 몇 가닥 먹지도 않은 국수가 배 속에서 꼬이는 것 같은 충격을 받았다.

'변화할 의지가 없다면 결코 아무것도 변하지 않을 거라고?'

홍 대리는 명치끝에 뭔가가 걸린 듯한 답답함을 느꼈지만, 정말로의 말이 틀린 것은 하나도 없었다.

"전략의 핵심은 변화야. 어떻게 변화할지를 결정하는 것이 곧

전략이라고 할 수 있지."

정말로의 말에 홍 대리는 다시 생각을 해보았다.

'그래, 나는 그 동안 무작정 열심히 노력하면 언젠가는 다 잘 될 거라는 믿음만 가지고 살아왔어. 어쩌면 나에게 지금 변화가 필요한지도 몰라.'

익숙한 것을
과감히 버릴 줄 아는 용기

정말로와 이야기를 나누다 보니 점심시간이 어느새 훌쩍 지나가 있었다.

'휴, 오늘 아침에도 지각. 점심시간 지나서 들어가면 오늘도 또 부장님에게 깨지는 것은 예약 완료!'

그런 생각을 하자 정말 회사를 그만두고 싶은 충동이 일었다. 오래전 끊었던 담배를 다시 피우고 싶은 생각이 불끈 들어, 홍 대리는 바람이라도 쐬려고 빌딩 옥상 휴게실로 올라갔다. 제법 차가운 바람이 그의 얼굴을 때렸다. 홍 대리가 주변을 살펴보니 옥상 휴게실 한편에 마련된 흡연구역에서 몇 명이 이야기를 나누며 담배를 피우고 있었다.

"아, 진짜 담배 끊어야 하는데 말이지. 이번 주말부터 딱 끊을 거니까 다음 주부터는 나랑 담배 피우러 가자는 말 하지 말아."

담배를 피우고 있는 한 남자가 말했다.

"오 차장님, 담배 끊는다는 소리만 3년째 하고 있는 것 같은데요? 지난번에도 담배 끊었다고 하시더니 업체 회의 한 번 하고는 저한테 담배 한 대 달라고 하신 분은 바로 오 차장님이셨다구요."

그 옆에서 같이 담배를 피우고 있는 젊은 남자가 말했다.

"아, 그때는 업체 사람들이 너무 열받게 해서 그렇지. 이번에는 진짜로 끊어야 해. 지난번 건강검진 결과 봤더니 간도 안 좋고 또 요즘 들어 부쩍 더 피곤하고 힘들어. 식당이고 빌딩이고 전부 금연구역이니 이거 정말, 담배 피울 수 있는 곳 찾아 다니기 힘들어서라도 끊어야 할 텐데 말이야."

그러자 그들 무리 중 담배를 피우지 않고 있는 한 남자가 말했다.

"끊는다, 끊는다 말만 하지 마시고 일단 먼저 끊고 말씀하세요. 그럼 저는 얼마든지 차장님의 금연을 도와드릴게요."

"그러게 나도 박 과장처럼 딱 끊어야 하는데 말이야. 담뱃값은 앞으로도 계속 오를 것이고……. 정말 얼마까지 오를지 모르겠어."

그들의 대화는 금연과 정부 시책으로 이어졌다.

"금연을 유도하는 정부에서도 고민이 많다고 하잖아요. 가격을 너무 올리면 서민 경제에 부담이 가고 가격을 너무 적게 올리면 담배를 끊으려는 사람이 많지 않으니."

"그렇지, 가격이 높으면 사는 사람이 적어지고 가격이 낮으면 사는 사람이 많아지는 기본 경제 원리지."

"보통 기업에서는 가격을 조정하여 소비를 늘리기 위한 가격 전략을 펼치는데, 담배의 경우는 가격을 조정하여 소비를 줄이는 반대의 가격 전략을 쓰니 재미있지 않아요?"

"그래서 이번에 담뱃값 인상 때도 말이 많았잖아. 끊으려는 사람도 있겠지만 인상된 가격이 애매해서 계속 피우려는 사람도 많아서 정부의 세금이 최대화되는 가격이 아니냐고 말이야. 기업 입장에서는 제품의 판매수량보다 기업의 이익이 최대화되는 가격으로 결정하는 가격 전략이 결코 틀린 것은 아니겠지만 말이야. 정부도 기업의 이익 개념을 적용하는 거 아니냐는 비판도 있었지."

"에이, 설마. 정부에서 세금이 최대화되는 가격 전략을 결정했겠어요? 국민 건강을 위해서 담배 소비가 줄어드는 적절한 가격을 책정했겠죠."

"음, 그렇겠지?"

그들은 담배를 연달아 피우면서 금연과 담배의 가격 전략을 주제로 토론을 하고 있었다. 홍 대리가 미래전략실에 관심을 가지고 있어서 그런지 그의 귀에는 언제부터인가 자꾸 '전략'이라는 말이 쏙쏙 들려왔다.

그러고 보니, 우리는 살면서 얼마나 많이 '전략'이라는 말을 써 왔던가? 우리는 '전략'이 뭔지 제대로 알고 쓰고 있는 것일까?

"사실 담배 피우는 사람은 잘 모르겠지만 말이에요. 담배 피우는 사람들은 냄새도 많이 난다구요. 저도 담배 끊기 전에는 몰랐는데, 담배 끊고 나니 담배 피우는 사람들한테 얼마나 냄새가 나던지……."

담배를 안 피우고 있던 남자가 말하자, 다른 한 남자가 피우던 담배를 끄면서 말했다.

"그런데, 정말 박 과장님 대단하세요. 담배를 딱 끊은 것도 대단하지만 담배 피우는 사람들 틈에서 참고 있는 것도 대단하세요. 담배 다시 피우고 싶지 않으세요?"

"왜 아니겠어. 사실, 담배를 끊는다는 건 불가능한 일일지도 몰라. 평생 참고 살아간다는 말이 더 맞겠지. 사실 지금도 한 개피 피우고 싶다는 생각이 들지만, 그래도 안 피우는 것이 더 낫다는 것을 아니까 참고 있는 거지. 참아 버릇하다 보니까 이제 참을 만해.

무엇인가에 한 번 익숙해지고 나면 그것을 버리기가 너무나 힘들지."

그는 약간 아쉬운 듯 담배 대신 종이컵을 만지작거리면서 말했다.

"보세요. 오 차장님. 오 차장님도 박 과장님처럼 큰맘 먹고 담배 끊으세요. 맨날 끊는다, 끊는다 소리만 하지 마시구요. 오 차장님이 끊으시면 저도 끊을게요."

"어허, 이 대리. 이 대리가 먼저 끊으면 내가 끊는다니까!"

"에이구, 그러지 말고 두 분 한꺼번에 끊으세요!"

"그럼, 우리 이번 주까지만 딱 피우고 다음 주부터 끊기로 하자고. 어때?"

"그럼, 그럴까요? 딱 이번 주까지만 실컷 펴야겠어요."

그러면서 한 남자는 다시 담배를 꺼내 물었다. 그들은 자욱한 담배연기 속에서 서로 담배를 끊으라며 계속 실랑이를 벌이고 있었다.

'익숙한 것을 버리고 새로운 변화를 선택한다는 것……'

그들의 대화를 들으면서 홍 대리는 생각했다.

'그래, 지금 나에게는 새로운 변화가 필요한 거야. 이제까지와는 다른 방식으로 내 삶을 만들어가야 해.'

홍 대리는 앞으로의 인생을 위해서 지금이 인생에서 중요한 방향을 정하고 변화를 계획하여 실행에 옮겨야 할 때라는 생각이 들었다. 홍 대리는 휴대전화를 꺼내 최강수에게 전화를 걸었다.

"최 과장, 나 한번 도전해볼래. 미래전략실로 갈 수 있을까?"

홍 대리는 두근거리는 가슴을 진정시키려 먼 하늘을 바라보았다.

실수를 하지 않음으로써 경쟁에서 승리하라

홍 대리는 사무실로 내려왔다. 정말로와 점심을 먹고 옥상까지 올라갔다 오니 이미 점심시간은 한참 지나 있었다.

'나는 그동안 스스로 변화하려는 노력도 하지 않고 남 탓만 해 왔던 것 같아.'

홍 대리는 평소와는 조금 다른 후회를 하면서 자리에 앉았다.

"홍 대리!"

아니나 다를까, 자리에 돌아오자마자 철저한 부장이 홍 대리를 불렀다.

'또 깨지겠구나.'

홍 대리는 마음을 비우고 철저한 부장을 바라보았다.

"홍 대리, 회의실로 좀 와봐."

철저한 부장은 앞장 서서 성큼성큼 회의실로 향했다. 그를 뒤따르면서 홍 대리는 생각했다.

'오늘은 또 얼마나 많이 깨려고 사람 없는 회의실에서 따로 보자고 하시지.'

홍 대리는 두려운 마음을 안고 회의실에 들어갔다.

"홍 대리, 그동안 미안했네."

아니, 철저한 부장답지 않게 이건 무슨 소리일까.

'혹시 나 자르려고 이러는 건가?'

홍 대리는 점점 더 불안해졌다.

"사실은 퇴사를 하려고 하네."

"네? 퇴사요? 저 퇴사해야 하나요?"

홍 대리는 너무 놀라서 자신도 모르게 소리쳤다.

"아니, 홍 대리한테 퇴사하라는 게 아니라 내가 퇴사하려고 한다고!"

이건 또 무슨 소리인가? 철저한 부장이 퇴사를 한다니? 홍 대리는 놀란 마음에 아무런 말도 할 수가 없었다.

"뭘 그렇게 놀라나? 맨날 홍 대리만 괴롭히던 내가 퇴사하면 홍 대리로서는 더 좋은 일이지, 그렇지 않나?"

오늘따라 철저한 부장은 평소와 많이 달랐다. 홍 대리는 뭐라고 할 말을 찾지 못해 당황스럽기만 했다.

"그래도 퇴사하기 전에 홍 대리한테는 미안하다는 이야기를 해야 할 것 같았어."

"네? 저에게요?"

"사실 말이지, 홍 대리 지난 승진 때 한 번 양보했으니까 내가 이번에는 홍 대리 꼭 승진시켜주고 퇴사해야 하는데 말이야, 어쩌다 보니 일정이 어긋나버렸네. 책임지지 못하고 떠나서 정말 미안하네."

아, 이거 정말 오늘 철저한 부장이 무슨 이야기를 하는지 이해가 안 돼서 홍 대리는 당황스러움을 감출 수가 없었다.

"사실은 그 동안 홍 대리에게 싫은 소리 더 많이 했던 것도 홍 대리를 이번에 꼭 승진시켜야 하기 때문에 더 신경 쓰느라 그런 거였어."

이건 또 무슨 소리인가? 철저한 부장이 매일 홍 대리에게 야단을 친 것이 자신을 싫어해서가 아니었다고? 홍 대리는 너무나 혼란스러웠다.

"홍 대리, 『손자병법』에 이런 말이 있다네."

철저한은 홍 대리를 부드럽게 바라보면서 말을 이었다.

"예로부터, 전쟁에 뛰어나다고 불리는 자들은 쉽게 이길 수 있는 적들을 정복한 자들이다. 즉 전쟁에 뛰어난 자들은 화려한 방법을 성공적으로 사용했거나 지혜롭다는 명성을 얻거나 용맹함으로 전쟁을 이긴 것이 아니다. 그들은 실수를 하지 않음으로써 전쟁을 승리로 이끈 것이다. 실수를 하지 않는다는 것, 그것은 이미 패배한 적을 정복한다는 것이고 그것이 바로 확실한 승리를 보장해주는 것이다."

'실수를 하지 않음으로써 전쟁에 승리한다?'

"정말이라네. 그동안 내가 홍 대리를 꼭 승진시키려고 홍 대리가 작은 실수도 하지 않도록 특별 관리해왔지. 작은 실수가 모든 것을 망칠 수도 있으니까 말이야. 그런데 홍 대리 승진보다 더 급한 게 내 승진이라는 걸 잊고 있었더라고."

그랬다. 철저한 부장도 작년에 임원 승진 대상이었다. 작년에 모바일 사업부가 그리 실적이 나쁘지 않아 무난히 승진을 할 것으로 예상했으나, 막상 임원 발표가 났을 때 철저한 부장의 이름은 임원 승진 명단에 없었다. 그만큼 대기업에서 임원이 되는 것은 쉬운 일이 아니었다. 오죽했으면 대기업에서 임원이 되는 것을 '별을 단다'라고 표현을 하겠는가?

"나도 이번에는 꼭 임원 승진이 되어야 하는데 말이지, 사실 이것저것 상황을 분석해보니 올해도 쉽지 않겠더라고.

그런데 올해는 회사 전반적으로 이익이 줄어들어서 임원 승진 비율이 매우 낮을 거라고 하고, 또 작년보다 더 쟁쟁한 임원 승진 후보자들이 많아서 말이야. 그래서 어쩌면 홍 대리도 승진이 어려울지도 모르고. 나 역시……."

철저한 부장은 아쉬운 듯 말을 흐렸다.

"그러니 지금이 우리에게 전략적 선택이 필요한 순간 아니겠나? 나 역시 글로벌 기업인 세별전자에서 별을 달 때까지 더 노력하며 기회를 기다려보든지, 그것이 현실적으로 불가능할 것이라고 판단되면 차선책을 찾아야 하겠지.

그런데, 마침 그런 차에 한 작은 회사에서 영업마케팅 본부장 제안이 들어와서 긍정적으로 고민하다가 결국 그 길로 가기로 했다네. 어차피 인생이란 게 한 치 앞을 모르니, 모든 것이 선택의 문제 아니겠나? 올해도 임원 승진에 탈락하면 어차피 회사도 더 못 다닐 텐데, 좋은 기회가 있을 때 선택하는 것이 좋을 것 같아서 말이야."

'선택의 문제……'

홍 대리에게도 지금이 중요한 선택을 해야 할 시점인지도 모른다.

그렇게 미웠던 철저한 부장이지만, 그가 홍 대리의 실수를 막기 위해서 그동안 괴롭혀왔다는 것을 알게 되고 또 막상 떠난다고 생각하니 갑자기 서운한 마음이 쓰나미처럼 밀려왔다.

'참, 사람의 마음이란 간사하군.'

홍 대리는 방금 전까지 직장을 그만 두고 싶게 만들던 최악의 악질 상사 철저한 부장이 갑자기 자상하고 부하직원을 배려하는 최고의 선배처럼 느껴졌다.

"홍 대리. 나는 다음 주까지 출근하고 이번 달 말 일자로 퇴사하기로 했으니, 홍 대리도 앞으로 더 건강하고 성공하기를 바라네!"

철저한 부장은 홍 대리의 손을 꽉 잡으며 당부했다.

"부장님도 힘내세요."

홍 대리는 철저한 부장의 손을 맞잡으며 말했다.

단점을 인정할 수 있어야 개선도 가능하다

며칠 뒤 누군가가 홍 대리를 찾아왔다. 미래전략실의 어중간 부장이었다. 홍 대리가 새로운 변화를 결심하고 최 과장에게 미래전략실로 옮겨 도전해보겠다는 의견을 전달한 참이었다.

"홍인범 대리? 최강수 과장에게 이야기 들었어요. 우리 잠깐 이야기할 수 있을까요?"

어중간 부장은 자분자분 말했다. 홍 대리와 어중간 부장은 근처의 조용한 회의실로 자리를 옮겨 이야기를 시작했다. 홍 대리에게 그 쪽으로 오라고 연락을 해도 되었을 터인데, 직접 찾아와서 이야기를 하는 어중간 부장은 무척이나 사람이 좋아 보였다.

"최강수 과장에게 이야기는 들었죠? 우리 미래전략실에서 모바일 사업 경력이 있는 인재를 내부 충원하려 해요. 최강수 과장이 먼저 추천을 했고, 내가 홍 대리의 현 팀장인 철저한 부장에게 홍 대리의 평판을 확인했어요."

철저한 부장에게 평판을 확인했다고? 아마 철저한 부장은 철저한 성격답게 홍 대리의 장단점을 분석적이고 명확하게 이야기했을 것이다.

'내가 지각도 많이 하고 실수도 많이 한다고 말씀하셨겠지? 결국 실패구나….'

하지만 어중간 부장이 한 말은 홍 대리의 예상과 전혀 달랐다.

"맡은 업무에 대하여 성실하게 최선을 다하고자 노력하는 모습이 홍 대리의 가장 큰 장점이라고 하더군요."

"네?"

"단점이 있다면……. 가끔 아주 사소한 실수도 하지만, 그런 부분은 완벽하게 다 개선했다면서요? 자신의 단점을 인정할 수 있어야 개선도 가능한 것이죠. 그런 면도 홍 대리의 장점이라고 하더군요."

홍 대리는 철저한의 진심이 느끼고 매우 감사했다.

'정말 그런 거였구나. 내가 지각도 잦고 실수도 많아서 내 단점을 고쳐주려고 자꾸 야단친 거였구나. 부장님이 나만 아무런 이유 없이 미워한 것은 아니었어. 내가 진짜 이유를 인정하려고 하지 않았을 뿐이야.'

홍 대리는 혼자서 무작정 피해의식만 키워왔다는 것을 이제야 깨달았다. 사실 철저한 부장이 홍 대리에게 바란 것은 지각하지 않고, 점심시간 준수하고, 오타나 작은 실수를 하지 않는 것이었다. 그런데 홍 대리는 그런 일들로 혼날 때마다 철 부장이 자신만 미워한다는 피해의식에 사로잡혀 있었으니 말이다.

'너는 그 원인이 정말 부장님에게 있다고 생각하니?'

김밥을 먹으며 정말로가 했던 말이 떠올랐다. 원인은 철저한 부장에게 있었던 것이 아니라 바로 자기 자신에게 있었던 것이었다. 어중간 부장이 말했다.

"우리 미래전략실에 핵심 인재만 모여 있다고 생각하겠지만 사실 그렇지는 않아요. 어디에나 스펙과 백그라운드가 뛰어난 사람만 모인 집단에서는 제대로 된 성과를 내기가 어렵죠. 중요한 일, 눈에 띄는 일만 하고 싶어 하고 주변 사람들과 같이 일하기가 어려운 사람도 많으니까요.

조직에서 가장 성과를 내는 사람들은 성실하게 자신이 맡은 업무에 최선을 다하는 사람들이죠. 저는 철저한 부장이 들려준 홍 대리의 평가가 아주 마음에 들었습니다. 성실하게 최선을 다하는 모습도 좋았지만 자신의 단점을 인정하고 개선하기 위해 노력한다는 것도 매우 마음에 들었습니다.

어때요? 우리 미래전략실에서 함께 일해보겠어요?"

어중간은 미소를 띠며 홍 대리를 바라보았다.

"네! 기회가 주어진다면 열심히 하겠습니다!"

홍 대리는 자신감으로 가득 찬 표정으로 대답했다.

홍 대리에게 이제 운칠기삼의 기회가 시작되는 것일까? 아니면 새옹지마(塞翁之馬)의 시작인 걸까?

기업의 전략과 개인의 전략은 어떻게 다를까?

1. 기업에서 전략적 의사결정이 중요한 이유

전략적 의사결정이란 기업이 나아가야 할 방향에 관한 의사결정을 뜻한다. 기업이 성장하고 성공하기 위해서는 명확한 경영 방향에 근거해서 어떠한 분야에서 어떠한 방식으로 나아갈지를 결정해야 한다. 이때 환경의 변화와 경쟁 기업의 움직임을 제대로 파악해야 자사가 성장할 수 있는 가장 유리한 길을 선택할 수 있다. 만약 기업이 전략적 의사결정에 실패한다면 기업의 생존이 위협받을 수도 있을 만큼 아주 중요한 과정이다.

전략적으로 의사결정을 하기 위해서는 '무엇을 취하고 무엇을 버릴 것인가?'에 대한 질문에 답을 찾는 것이 매우 중요하다. 기업의 경영자원이 한정되어 있기에 모든 선택을 실행에 옮길 수가 없기 때문이다. 따라서 전략적 의사결정에서는 반드시 '선택과 집중'을 잘해야 한다.

기업이 하나의 사업을 운영하고 있든 여러 가지 사업을 운영하고 있든 그것을 실행하여 성공시키기 위해서는 환경을 분석해 유리한 쪽으로 방향을 설정하고 경쟁 기업을 이길 수 있을 만큼 자원을 투입해야 한다. 경영전략이 경쟁전략(Competitive Strategy)으로 불리기도 하는 이유는 경쟁에서 이기기 위한 지침을 전달하는 '싸움의 구상'이라는 의미가 포함되어 있기 때문이다.

어느 사업에 집중할지를 선택하지 못해 이것저것 다 시도해본다거나, 실패할 것이 두려워 충분히 자원을 투입하지 못해 어느 사업도 성공하지 못하는 사례는 기업이나 개인에서 매우 흔하다.

이렇듯 성공하는 기업이 되기 위한 전략경영이란 앞으로 회사가 나아가야 할 방향을 정하고, 기업의 자원 및 상황을 정확히 파악하고 분석하여 목표를 설정하고, 그 목표를 달성하기 위한 계획을 세우고 추진하여 그 목표를 달성해가는 과정이라고 볼 수 있다. 전략경영을 통해서 기업은 수익성을 기반으로 한 성장이 가능해지며 기업 가치 또한 높아질 수 있다.

2. 개인의 성공을 위한 미래전략 수립

개인의 전략 수립에 있어서도 마찬가지다. 자신이 나아가야 할 방향을 정하고 자신이 가진 자원과 상황을 정확히 파악하고 분석하며, 자신이 달성해야 할 목표를 정하고 그 목표를 달성하기 위한 계획을 수립하고 그에 맞춰 노력하는 것이야말로 성공하는 사람이 되기 위한 전략인 것이다.

지금도 우리 모두는 크고 작은 선택의 순간들을 거쳐가고 있으므로 삶의 전략을 수립하고 실행해나가고 있다고 볼 수 있다. 그러나 기업이나 개인에게 있어서 모든 계획이나 목표가 다 성공하지는 않는다. 그 이유는 시간이나 경제적 능력 같은 자원이 부족해서일 수도 있고, 계획이나 목표 자체가 현재의 상황에서는 달성 불가능하기 때문인지도 모른다.

자신에 대한 정확한 분석과 깊은 성찰 없이 무작정 노력을 기울여서는 성공하리라는 보장이 없다. 최선의 노력을 기울였음에도 불구하고 실패를 경험하게 되는 사람들은 주로 외부 환경을 탓하고 운을 탓하게 된다.

전략적 관점을 가지고 전략적 의사결정을 한다는 것은 자신이 진정으로 원하는 것이 무엇인지를 고민하는 것으로부터 시작한다. 그리고 현재 자신의 크고 작은 선택이 미래에 어떤 변화를 가져올 것인지 생각해봐야 한다.

깊은 성찰을 통해 자신이 진정으로 원하는 것이 무엇인지를 알아내고, 외부환경을 철저하게 분석하여 목표를 달성하기 위해 어떻게 하면 될 것인지 고민하고 계획을 수립하는 것. 그것이 바로 개인의 성공을 위한 미래전략 수립인 것이다.

2장
전략가가 되기 위해
가장 먼저 물어야 할 질문

성공하는 기업이 되기 위해
가장 중요한 것

"미래전략실로 자리를 옮긴다고? 그걸 왜 이제야 이야기해?"

홍 대리는 미래전략실로 인사 발표가 나자마자 가장 먼저 정말로에게 알렸다. 남 탓만 하던 홍 대리에게 스스로 변화해야 한다는 걸 깨우쳐준 사람이 바로 정말로였기 때문이다.

하지만 회사라는 것이 늘 그렇듯이 인사와 관련된 문제는 공식적인 발령이 나기 전에는 어떻게 될지 모르는 터라 정말로에게 먼저 귀띔해줄 수는 없었다.

"그런데 어떻게 미래전략실로 가게 된 거야? 거기 아무나 가는 데 아니지 않아?"

정말로가 잠시 생각하더니 말했다.

"뭐야, 내가 '아무나'라는 말이야?"

홍 대리가 장난스럽게 인상을 썼다.

"아무나는 아니지만, 그렇다고 갑자기 미래전략실로 영입될 만큼 네 위치가 회사에서 특별하지는 않은 것 같아서 말이야."

정말로도 장난스럽게 대답했다.

"응. 사실은 내 입사 동기 중에 미래전략실에 근무하는 최강수 과장이라는 친구가 있는데 미래전략실에서 인원을 충원한다고 나를 추천해서 말이야."

홍 대리의 말에 정말로가 깜짝 놀라 물었다.

"미래전략실 최강수 과장이?"

"응. 너도 알아?"

"조금. 내가 지금 미래전략실과 프로젝트 같이하고 있잖아. 일 때문에 몇 번 미팅했지. 그런데 최강수 과장이 너를 추천했다니 의외다."

"왜?"

홍 대리는 이상하다는 듯이 물었다.

"아, 아냐. 내가 잘못 알았나 보다."

정말로는 대충 얼버무리고 어물쩍 넘어갔다.

"그나저나 미래전략실에서 하는 일이 도대체 뭐냐?"

홍 대리는 가장 궁금한 질문을 했다.

"미래전략실에서 하는 일이 뭐냐고? 회사를 성공하는 기업으로 만들기 위한 일이지."

정말로가 너무나 쉽게 대답을 하자 홍 대리는 의심의 눈초리로 따져 물었다.

"그게 뭐냐? 회사를 성공한 기업으로 만들기 위한 일은 회사의 전 임직원이 다하고 있는 거잖아."

"맞아. 회사를 전략적으로 경영하여 성공한 기업으로 만들어보자는 것이 결국 전략경영이니까. 회사에서 일하는 모두가 전략과 관련된 일을 하고 있는 거지."

이건 또 무슨 선문답이란 말인가?

"그러니까 내 말은 미래전략실에서 하는 일이 뭐냐고!"

홍 대리는 도돌이표로 돌아가 다시 똑같은 질문을 했다.

"회사를 성공하는 기업으로 만드는 일이라고 했잖아."

정말로는 또 똑같은 대답을 했다.

"야!"

홍 대리는 소리쳤다.

"알았어, 알았다고!"

정말로는 홍 대리를 놀리는 게 재미있는지 까르르 웃었다.

"너는 회사가 성공하는 기업이 되려면 뭐가 가장 중요하다고

생각하니?"

정말로가 물었다.

"당연히 고객의 니즈를 잘 파악해서 고객이 원하는 것을 제공하고 그들에게 사랑받는 브랜드와 기업이 되는 것이지."

홍 대리의 대답에 정말로가 고개를 끄덕이면서 말했다.

"마케팅팀 출신이라 그런지 역시 마케팅스러운 대답이군."

"아니라는 말이야? 그럼, 성공하는 기업이 되려면 뭐가 가장 중요한데?"

홍 대리는 다시 물었다. 정말로가 대답했다.

"누구든지 자신이 하는 일이나 역할이 회사가 성공하는 데 가장 중요하다고 생각할 거야. 물론 직원들 모두가 자신의 일이나 자신이 속한 부서의 기능이 가장 중요하다고 생각하는 것은 성공하는 기업이 되는 데 매우 큰 역할을 하기도 하지.

그런데 문제는 이거야. 너처럼 마케팅 부서에서 일하는 사람은 마케팅이 기업의 생존과 성공에 가장 중요하다고 생각하지만, 제조 부서에서 일하는 사람은 물건을 제대로 만드는 것이 기업의 성공에 가장 중요하다고 생각할 거야.

또 인사 부서 사람들은 핵심 인력이 없거나 사람을 잘못 쓰면 기업이 성공할 수 없으니 사람과 관련된 일이 기업의 성공에 가장 중요하다고 생각할 거고, 영업부서 사람들은 자신들이 없으면 매출이 나지 않으니 물건을 파는 것이 가장 중요하다고 생각하겠지.

다 맞는 말이잖아? 어느 하나라도 잘못되면 성공하는 기업이 될 수 없는 것은 확실하니 말이야."

이야기를 가만히 듣고 보니 정말 그랬다. 어떤 부서나 어떤 역할도 기업의 성공에 중요하지 않은 것이 없었다. 정말로가 계속 말했다.

"그래서 미래전략실에는 이런 모든 것들을 다 총괄해서 회사를 성공하는 기업으로 만드는 일을 한다고."

"야, 결국 제일 처음 대답으로 다시 돌아간 거잖아!"

정말로의 말에 홍 대리가 또 소리를 질렀다.

"알았어, 알았다고!"

정말로는 홍 대리가 발끈하는 게 귀엽고 재미있기만 하다는 듯 까르르 웃었다.

"너 마케팅팀에 있었으니 마케팅전략은 잘 알 거 아냐? 전략이라고 함은 마케팅뿐만 아니라 회사 전반의 모든 부분에 펼쳐져 있어. 좀 더 알기 쉽게 계층 단계별로 전략을 설명해줄게."

이제야 본론에 들어가자 홍 대리는 정말로 이야기에 귀를 기울였다.

"먼저, 가장 상위 의미인 전사적 전략(全社的 前略)이 있어. 말 그대로 회사 전체의 방향을 결정 짓는 전략이라고 할 수 있지.

이런 전략을 '기업전략', 즉 'Corporate Strategy'라고 해. 회

사가 성장하고 확장할 것인가에 대한 성장전략, 안정을 추구하며 현재의 기업을 정리하고 정돈할 것인가에 대한 안정전략, 그리고 회사를 축소할 것인가에 대한 축소전략 같은 세부 전략이 있지.

회사를 다각화한다거나 조직을 개편한다거나 축소를 하는 것도 기업전략에 들어가는 거지."

역시, 글로벌 기업의 미국 본사 출신답게 정말로는 영어 발음도 굴러나왔다.

"그리고 또 '사업전략'이라는 것이 있어. 각각의 사업영역에서 '어떻게 경쟁하여 이길 것인가?'와 관련된 전략이라서 경쟁전략이라고도 해. 특정 사업마다 시장과 경쟁자가 달라지기 때문에 획일적인 전략을 모든 사업에 다 적용할 수는 없어.

이런 전략에는 여러 가지가 있겠지만 결국은 저원가로 경쟁할 것인가, 차별화로 경쟁할 것인가 하는 문제로 집약될 수 있어. 그래서 사업전략의 성과는 기업전략보다는 좀 더 구체적인 기준들, 예를 들면 시장점유율, 매출, 이익 등으로 측정될 수 있지."

경영 컨설턴트임을 증명이라도 하듯 정말로는 막힘없이 척척 설명을 해주었다.

"그리고 마지막으로 '기능전략'이라는 것이 있어. 이것은 각 사업부나 부서에서 상위 전략, 즉 기업전략이나 사업전략을 얼마나 효과적으로 이루어낼 수 있을지에 관한 전략이야. 예를 들어 마케팅전략, 재무전략, 생산전략, 인사전략 같은 것들이 여기에 해당되지.

이런 기능전략이 중요한 이유는, 기능전략이 뒷받침되지 않는다면 그 상위 전략인 사업전략이나 기업전략이 성공하기 어렵기 때문이야."

정말로가 긴 설명을 마치자 홍 대리는 갑자기 그녀가 달리 보였다. 하지만 홍 대리의 궁금증은 아직 풀리지 않았다. 홍 대리는 가장 중요한 첫 번째 질문을 다시 되풀이했다.

"알겠어. 근데, 그래서 미래전략실에서 하는 일은 도대체 뭐냔 말이야!"

그러자 정말로가 답답해 죽겠다는 표정으로 말했다.

"지금 내가 이야기한 모든 것이 미래전략실에서 하는 일이라니까! 전사적 단위의 전체 그림을 그리는 전략을 주로 세우기는 하지만, 성공하는 기업이 되기 위해서 이 모든 전략이 필요하니까!"

"방금 설명한 모든 전략이 다 필요하다고?"

"그래, 기업과 조직이 성공하기 위해선 필요하지!"

홍 대리는 미래전략실에서 하는 일이 여전히 뿌옇게 보이긴 했지만 그래도 조금씩 알아가다 보니 의욕이 샘솟았다. 홍 대리는 앞으로 핵심부서인 미래전략실에서 근무하면서 회사의 성공을 위한 일을 할 것을 생각하니 벌써부터 마음이 설레기 시작했다.

전략에도 계층이 있다.

기업에서는 의사결정이 이루어지는 기업 내부의 수준에 따라 다양한 전략을 수립하고 있다. 여러 가지 서로 다른 사업들을 수행하는 기업의 경우 일반적으로 기업전략, 사업전략, 기능전략 3가지 전략의 계층(Hierarchy)으로 나눌 수 있다.

기업전략은 전사적 전략이라고도 하는데 먼저 '전사'라는 말에 대해서 한번 짚고 넘어갈 필요가 있을 것 같다. 기업에서는 '전사적'라는 말을 자주 사용한다. 이것이 무슨 뜻일까? 사실 이러한 단어를 사용해본 경험이 없는 사람의 입장에서 이 말을 처음 접하게 되면 살짝 헷갈릴 수가 있다. '전사적'이라는 말에서 전사는 바로 회사 전체, 즉 전사(全社)의 한자어를 말하는 것이다. 따라서 '전사적(全社的)'이라는 말은 '회사 전체적으로'라는 의미를 가진다.

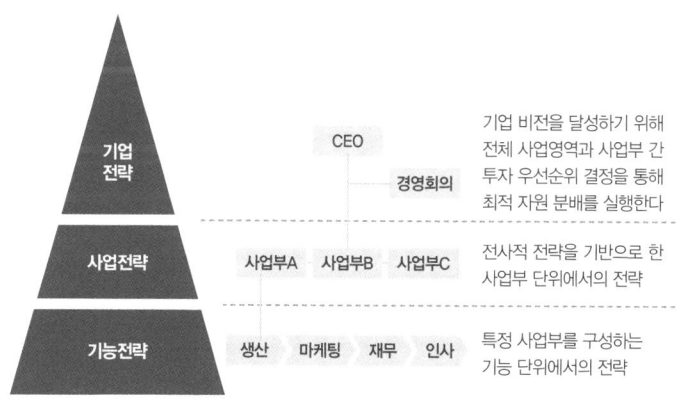

83

- **기업전략**(Corporate Strategy)

전사적 수준에서의 전략은 전략 본부의 책임을 맡고 있는 최고경영층에 의해 이루어진다. 주로 기업의 전체 목표를 정의하고, 어떤 사업에 참여할 것이며, 어떻게 사업부 간에 자원을 배분할 것인지를 결정하는 것이다.

따라서 전사적 수준의 전략은 새로운 사업영역의 선택, 기존 사업의 포기, 성장의 우선순위 결정, 장기적 자본조달 방안, 배당 정책 등과 관련된 문제들을 다룬다. 이런 전략들은 기업 전체적 관점과 장기적 시각이 필요하며, 위험부담이 높은 의사결정이 많다.

전사적 수준의 의사결정은 주로 최고경영자가 전략 부서의 도움을 받아 결정하거나 이사회의 결의를 통해 이루어진다. 예를 들어, 한 대기업에서 이동통신 사업에 진출하고자 한다거나, 적자 사업을 철수하고자 한다거나 할 때 전략적 의사결정은 우선 회사의 전사적 전략을 담당하는 부서를 통해서 보고를 받고 최고경영자가 의사결정을 하게 될 것이다. 필요하다면 이러한 안건을 이사회에 올려 이사회를 통해서 결정을 하기도 한다.

- **사업전략**(Business Strategy)

여러 사업을 동시에 운영하는 기업의 경우라면 여러 개의 독자적인 사업부들이 존재한다. 예를 들어 S전자의 경우, 휴대전화 등을 담당하는 모바일 사업부와 텔레비전, 냉장고 등을 담당하는 가전 사업부, 그리고 반도체를 담당하는 반도체 사업부로 크게 나누어져서 운영되었다. 이럴 경우 각 사업부들은 독자적인 사업영역을 가지고 있으며 개발, 구매, 생산, 마케팅, 영업, 재무, 인사 등 독자적인 경영기능을 수행하고 있는 경우가 많다. 사업부 수준의 사업전략은 이러한 개별 사업부 내에서의 문제를 다룬다.

사업의 균형을 이루기 위해 기업전략이 기업 전체의 관점에서 매우 중요한 반면, 사업전략은 특정 사업영역 내에서 '어떻게 경쟁우위를 획득하고 이를 지속적으로 유지할 것인가'에 관한 경쟁전략을 주로 다룬다. 이처럼 사업전략은 특정 사업 부문의 구체적인 경쟁 방법을 결정하는 것으로 경쟁전략(Competitive Strategy)이라고도 한다.
이에 따라 사업전략은 시장세분화, 유통채널, 원가구조, 공장입지 등을 주로 다룬다. 만약 기업이 여러 개별적인 사업부를 운영하고 있지 않다면 기업전략과 사업전략에 대한 구별은 의미가 없을 것이다.
S전자를 예로 들어보자. S전자가 모바일 시장에서 경쟁사를 이기고 지속적으로 세계 1위의 경쟁력을 지키기 위한 경쟁전략들이 사업전략에 해당된다. 이때 모바일 사업에 관한 전략은 반도체 사업에 관한 전략과는 크게 관련이 없을 것이다. 만약 모바일 사업부의 전략과 반도체 사업부의 전략이 서로 관련이 있거나, 그와는 반대로 전략이 서로 부딪쳐서 전사 차원의 문제가 발생한다면 이는 사업전략이 아니라, 기업 차원의 전사적 전략에서 그 사업부들 간의 자원을 배분하는 문제가 될 수 있을 것이다.

- **기능전략**(Functional Strategy)

기능전략은 경쟁우위를 유지하는 데 필요한 생산, 마케팅, 재무, 인사, 연구개발 등과 같은 기업의 각 경영 기능 부문에서 단기적 목표와 계획 등을 수립하는 것이다. 이러한 기능전략은 각 기능별 부서에서 이루어지는 경우가 많은데, 이는 운영 프로세스나 가치사슬(Value Chain)과 관계가 있다.
기능전략은 일반적으로 사업전략을 효과적으로 실행하기 위한 수단으로서 역할을 하기 때문에 기능전략들은 사업전략과 일관성을 가져야 한다. 따라서 기능전략은 기업

전략과 사업전략에 비하여 단기적이며 구체적이다. 예를 들면 생산 시스템의 효율성 제고, 적정 재고 수준의 결정, 고객 서비스의 질적 향상, 단기적 마케팅이나 영업전략 등이 이에 해당된다.

다시 S전자를 예로 들어보자. 모바일 사업무 내에서 신규로 출시하는 모바일폰을 성공시키기 위해 마케팅전략을 수립하는 것도 전략의 계층 중 기능전략에 해당된다고 볼 수 있다. 이러한 모바일폰에 대한 마케팅전략은 기업 차원의 전사적 전략이나 모바일 사업부 내의 사업전략에 영향을 받게 된다. 만약 전사적 전략에서 모바일 사업을 강화해야 한다는 전략이 나오거나 사업전략에서 모바일폰의 글로벌 시장을 확대해야 한다는 전략이 나온다면 모바일폰 마케팅부서는 이에 대한 실행계획을 수립하고 실행하는 마케팅 기능전략을 펼치는 것이다.

성공의 기준이 무엇일까?

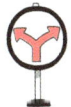

"미래전략실로 가서 새로운 변화를 맞이하고 열심히 노력하면 나도 성공한 사람이 될 수 있겠지?"

홍 대리가 혼잣말처럼 중얼거렸다. 그 이야기를 들은 정말로가 말했다.

"성공? 성공이 뭔데?"

"글쎄……."

늘 성공한 사람이 되고 싶었던 홍 대리이지만 막상 성공에 대해서 이야기를 하려니 무엇이 진정한 성공인지 설명하기가 힘들었다.

"성공이 뭔지도 모르면서 성공하고 싶다는 것은 말이 안 되는 거 아니야? 네가 성공하고 싶으면 먼저 네가 생각하는 성공이 무엇인지부터 정의해야 해."

정말로가 하는 말은 틀린 것이 하나도 없었지만 홍 대리는 괜스레 기분이 나빠졌다.

"그러는 너는? 너는 성공이 뭔지 아냐?"

홍 대리는 퉁명스럽게 물었다.

"나는 알지. 내 성공이 뭔지."

"그게 뭔데?"

"그걸 지금 너에게 말할 수는 없어. 하지만 나는 정말 오래전부터 꼭 이루고 싶은 것이 있어. 그걸 이루면 난 성공했다고 할 수 있지."

정말로가 상상만으로도 행복한 듯 미소를 지으면서 말했다.

"쳇."

정말로가 삐친 홍 대리를 툭 치면서 말했다.

"야, 그러지 말고 너 나한테 전략 컨설팅을 받으면 어때? 내가 비록 바쁘고 비싼 몸이지만 특별히 친구인 너에게만큼은 전략 컨설팅을 저렴하게 해줄게."

정말로가 말했다.

"뭐? 너에게 전략 컨설팅을 받으라고?"

"그래. 기업이나 사람이나 성공하기 위한 전략이 있어야 한다고. 무작정 열심히 한다고 해서 되는 게 아니라니깐? 네가 성공하려면 성공에 대한 전략이 있어야지.

네가 성공할 수 있도록 전략 컨설팅을 내가 해줄게! 나에게 전략 컨설팅을 받으면 전략에 대해서도 좀 더 배울 수 있을 거야."

정말로의 말에 홍 대리는 잠깐 솔깃한 마음이 들었지만 다시 자존심이 꿈틀거렸다.

"야, 글로벌 넘버원 기업 세별전자의 핵심 부서인 미래전략실에 근무하는 핵심 인재가 무슨 전략 컨설팅을 받냐? 다른 사람들에게 전략 컨설팅을 해줘도 모사랄 판국에."

정말로를 우연히 만난 첫날부터 깨지는 모습만 보여준 못난 홍 대리 아니었던가? 홍 대리는 장난스럽게 받아쳤지만 정말로에게 전략을 배운다는 것에 자존심이 상했다.

'치, 옛날엔 내가 공부도 훨씬 잘했는데.'

그런 홍 대리의 표정을 살피던 정말로는 미련을 버리지 못하고 말했다.

"그래도 전략에 대한 지식이나 경험이 아직 부족한데 바로 미래전략실에서 일하려면 힘들지 않겠냐? 내가 저렴하게 해준다니깐? 맛있는 것만 사주면 컨설팅 비용으로 충분해."

"전략이 뭐 별거냐? 나도 마케팅팀에서 수없이 마케팅전략을 세워왔던 사람이라고!"

홍 대리의 구겨진 자존심 사이로 근거 없는 자신감이 밀려왔다.

"그리고 네가 이미 전략에 대해서 다 알려줬잖아. 미래전략실에서 하는 일은 회사가 성공하기 위한 모든 것이라며? 그리고 또 철저한 부장님이 말씀하신 건데 전략이란 곧 '선택의 문제'라고 했으니, 결국 종합하자면 전략이란 '성공하기 위한 선택을 하는 것' 아니겠어?"

홍 대리가 자신감 있게 말했다.

"그래. 네 말이 틀린 건 아닌데……."

정말로의 말을 끊고 홍 대리가 이야기했다.

"그러니까 미래전략실에서는 회사가 성공하기 위한 선택을 하는 것이고, 나의 성공을 위해서는 내가 성공하기 위한 선택을 하면 되는 거 아냐?

나는 나의 성공을 위해 미래전략실로 가는 선택을 했어. 이제 내 선택을 후회하지 않도록 열심히만 하면 되는 거지!"

"그래도 전략이란 것이……."

"나 잘할 수 있어. 꼭 잘해내고 말 거야."

정말로는 홍 대리의 자신감 있는 모습에 작은 걱정이라도 안겨주고 싶지 않아서 더 이상 말하지 않았다.

"자, 이제 암울하기만 했던 마케팅팀 생활은 굿바이! 나도 이제 글로벌 세별전자의 핵심 부서인 미래전략실에서 근무하는 핵심 인재라고!"

홍 대리는 두 주먹을 불끈 쥐었다. 홍 대리는 미래전략실에서 성공적으로 새로운 생활을 할 생각을 하니 가슴이 터질 듯이 두

근거렸다.

  정말로는 그런 홍 대리를 짐짓 걱정스러운 눈빛으로 바라보았다.

큰일이다, 전략이 없다!

"우리 미래전략실에서 홍 대리에게 거는 기대가 커요. 홍 대리는 모바일 사업부 경력이 많으니 그 누구보다 더 그쪽 시장을 잘 이해하고 우리 회사의 미래를 준비해나갈 수 있을 거예요."

어중간 부장이 미래전략실 사람들을 모아놓고 홍 대리를 인사시키는 자리에서 말했다.

"맞습니다. 홍인범 대리가 앞으로 우리 회사 모바일 사업의 미래를 책임질 겁니다. 하하하!"

최강수가 호탕하게 웃으면서 말했다. 그러나 그의 말에 크게 호응하는 사람은 없었다.

'그래, 오늘부터 나는 미래전략실에서 새롭게 다시 태어날 거야! 내가 어떤 사람인지 여기 있는 모든 사람들에게, 이 세상에 보여줄 거야! 그동안 무시당하면서 내 능력을 제대로 인정받지 못했지만 이제야 내가 인정받을 수 있는 내 자리를 찾은 거야!'

홍 대리는 스스로에게 세뇌를 걸면서 마음을 굳게 먹었다.

"홍 대리, 오자마자 바로 프로젝트를 맡겨서 미안하지만 최강수 과장이 하던 일을 좀 맡아줘야겠어요. 지금 최 과장이 맡은 일이 너무 많아서요."

어중간 부장은 홍 대리를 따로 불러 말했다.

'아싸, 내 능력을 보일 기회가 이렇게 빨리 오는구나!'

홍 대리는 신나기만 했다.

"작년부터 모바일 사업의 성장세가 주춤해져서 새로운 관련 사업 분야를 준비하고 있어요. 사업을 확장하는 것이나 기존 기업을 M&A(Mergers&Acquisitions, 인수합병)하는 쪽으로 전략을 짜서 보고하도록 하세요."

"네, 알겠습니다!"

홍 대리는 자신감 있는 목소리와 표정으로 말했다.

"그 동안 최강수 과장이 맡아서 진행하고 있었으니 최 과장에게 정리한 자료 받고 인수인계도 받도록 하세요."

"네!"

"혹시 잘 모르는 것이 있으면 최 과장에게 물어보던지, 최 과장이 바쁘면 나한테라도 와서 물어보도록 하세요."

어중간 부장은 참 좋은 상사 같았다.

"네, 알겠습니다!"

남들이 모두 부러워하는 글로벌 대기업의 핵심 부서에 천사 같은 상사, 이보다 더 완벽한 조합이 어디 있단 말인가? 홍 대리는 이제 '불행 끝! 행복 시작!'이라는 마음이 들어 마냥 즐겁기만 했다.

"정리한 자료? 그런 거 없는데?"

인수인계 자료를 받으러 간 홍 대리에게 최강수는 말했다.

"나 그동안 다른 프로젝트가 너무 많아서 그 일은 손도 못 댔어. 내가 그 정도로 바빴으니 모바일 사업부 출신 홍 대리가 우리 미래전략실로 오게 된 것이고. 홍 대리도 마케팅팀에 오래 있었으니 그 정도 전략은 스스로 세울 수 있을 거야. 모바일 사업의 성장과 재도약을 위한 사업전략이니, 할 수 있겠지?"

최강수의 말에 홍 대리는 자기 자신에게 주문을 걸 듯 대답했다.

"할 수 있어."

홍 대리는 최강수의 도움 없이 혼자의 힘으로 해내고 싶었다. 그래서 자신의 능력을 어중간 부장에게 인정받고 싶었다.

그날부터 홍 대리는 마케팅팀에서 일할 때부터 모아놓은 자료를 다 동원하여 모바일 사업부의 미래전략을 준비했다. 모바일 사업 시장과 기술 동향에 대해서는 그 누구보다 잘 알고 있다고 자신하던 홍 대리였기에 생각보다 쉽게 전략 보고서를 만들 수 있었다.

세상 모든 모바일 사업 관련 정보들을 모아놓은 듯한 완벽한 정리와 그 누구도 따라 하지 못할 화려하고 멋진 프레젠테이션 자료, 오타 하나 없이 완벽하다는 걸 확인한 홍 대리는 자신 있게 발표할 날을 기다렸다. 사실 이번 발표가 홍 대리에게는 미래전략실에 와서 처음 하는 일종의 데뷔행사와 같은 것이었다.

'멋진 발표로 나의 존재와 나의 능력을 알려주겠어!'

드디어 결전의 그날이 왔다.

홍 대리는 그동안 열심히 준비한 만큼 자신 있게 세별전자의 모바일 시장 미래전략에 대해 발표를 했다. 홍 대리가 다른 사람들은 잘 알지 못하는 모바일 사업의 시장 동향과 기술 발전 동향에 대해서 너무나 자세히 정리를 해놓았기 때문에 그것에 관한 보고만 한 시간이 넘게 걸렸다. 어중간 부장을 비롯한 직원들은 홍 대리의 발표 자료를 통해 모바일 사업의 시장 동향과 기술 발전 동향을 완벽하게 이해할 수 있었다.

"제가 지금까지 발표한 것처럼 모바일 사업의 시장과 기술은 급격한 속도로 변화하고 발전하고 있습니다. 이러한 트렌드에 발맞춰 우리 세별전자도 성장하고 있는 새로운 사업분야로 진출을 해야 합니다. 지금 우리 회사가 진행하고 있는 사업 중에서 시장 트렌드와 맞지 않는 사업은 과감하게 포기하고 선택과 집중을 해야 합니다."

홍 대리는 밝은 표정으로 마무리를 지었다. 그런데 홍 대리의 예상과는 다르게 다들 표정이 이상했다.

'어, 이거 뭐지?'

홍 대리는 주위를 둘러보았다. 어중간 부장이 입을 열었다.

"모바일 사업의 시장과 기술 트렌드는 매우 정리가 잘되었어요. 이 자료에 시장 현황부터 최신 정보까지 다 들어가 있는 것 같아요."

"네, 감사합니다."

홍 대리는 안도의 한숨을 쉬었다.

"그런데……, 그에 따른 우리 회사의 전략은 뭐지요?"

"네?"

홍 대리는 어중간 부장의 질문을 정확히 이해할 수 없었다.

"이런 트렌드에 맞게 더 성장하는 시장과 기술 쪽으로 진출을 하고 그 분야 사업 또한 더 강화해야 합니다. 제가 보고 드린 대로 성장하는 사업으로 진출을 하고 침체되고 있는 사업은 정리를 해서 선택과 집중을…….”

홍 대리는 다시 보고서의 결과를 되풀이했다.

“성장하는 시장 트렌드 쪽으로 따라 가서 진출하고, 발전하는 기술 트렌드 쪽으로 따라 가서 기술 개발하고, 좋은 성과를 내고 있는 기업이나 뛰어난 기술을 가진 기업은 무조건 인수합병하고, 시장 성장세가 느려졌거나 매출이 감소하고 있거나 잘 안 될 것 같으면 정리하고……. 이게 무슨 전략이지?”

어중간 부장은 무표정하게 말했다.

“네? 그게…….”

“지금 홍 대리가 발표한 자료에는 전략이 하나도 없어!”

“네?”

홍 대리는 당황스러웠다. 성공하는 회사가 되려면 성장하는 시장과 사업을 선택해서 진출을 하고 기술개발을 하는 것은 당연한 것 아닌가? 그리고 잘 안 되고 있거나 잘 안 될 것 같은 사업이나 기술은 정리를 해서 선택과 집중을 해야 한다고 했는데, 그게 바로 선택과 집중 전략인데, 거기에 전략이 없다니!

“최강수 과장, 홍 대리에게 인수인계하고 보고서 준비하는 거 안 봤나?”

어중간 부장은 여전히 무표정인 채로 최강수를 돌아보면서 말

했다. 최강수가 대답했다.

"제가 그 동안 정리한 자료 모두 홍 대리에게 넘겨주고 인수인계도 다했습니다. 그런데 제가 지금 하고 있는 일이 너무 많아서 최종 보고서는 미리 리뷰를 못해줬습니다. 죄송합니다."

최강수가 말했다.

'뭐? 자료를 모두 넘겨주고 인수인계도 해줬다고?'

최강수가 왜 저렇게 말하는지 생각을 할 틈도 없이 어중간 부장이 홍 대리에게 말했다.

"홍 대리, 최 과장이 바쁘면 나한테라도 와서 물어보라고 이야기하지 않았나? 홍 대리가 미래전략실에 와서 처음 하는 보고라서 그럴 수도 있지만 홍 대리는 전략의 기본도 모르고 있구만. 어쨌건 오늘은 이렇게 정리하기로 하고, 앞으로는 단순히 정보를 나열하지 말고 정보를 통해 우리가 나아가야 할 전략이 무엇인지 잘 생각해보고 일을 하도록 해요."

어중간 부장은 그렇게 말하고 회의실을 먼저 나갔다. 어중간 부장을 따라 다른 직원들도 나가고 홍 대리와 최 과장 둘만 회의실에 남았다. 홍 대리는 어떻게 된 영문인지 아직도 당황스럽기만 했다. 분명히 오늘 발표는 자신 있었고 다른 사람들에게 자신의 능력을 입증할 기회라고만 생각했기 때문이다.

"홍 대리, 모르면 모른다고 말을 하지 그랬어."

모두가 나간 것을 확인하고 최강수가 말했다.

"그게…….."

홍 대리는 할 말이 없었다.

"나는 홍 대리가 이 정도 일은 혼자 할 수 있다고 생각해서 홍 대리만 믿고 있었지. 앞으로는 홍 대리가 못하는 건 미리미리 나한테 좀 이야기하라고. 괜히 나까지 곤란하게 만들지 말고!"

최강수는 홍 대리를 쏘아보더니 회의실을 빠져나갔다.

'이게 아닌데…….'

홍 대리는 한참 동안 회의실 천장만 바라보고 있었다.

한정된 자원을
효과적으로 배분하라

홍 대리는 자존심이 무척 상했지만, 이럴 때 도움을 요청할 사람은 정말로밖에 없었다.

"뭐? 전략 컨설팅 필요 없다며?"

정말로는 팔짱을 끼고 말했다.

"야, 그러지 말고 좀 가르쳐줘라. 친구 좋다는 게 뭐냐?"

홍 대리는 자존심 따위 쓰레기통에 던져버리고 더 장난스럽게 애교를 부렸다. 지금 회사에서 생존이 걸린 일인데 그깟 자존심 따위가 뭐가 중요하단 말인가?

"네가 정 그렇게 부탁하면 내가 친구로서 도와줘야 어쩌겠니? 너 나 엄청 바쁘고 비싼 사람인 거 알지?"

정말로는 괜히 잘난 척을 했다.

"안다, 알아! 세계적 컨설팅 기업의 전략 컨설턴트니 연봉이 얼마나 대단하겠냐?"

"그래, 잘 알고 있네. 하지만 나는 연봉이 중요한 사람이 아니야. 나는 지금도 시간이 너무 부족해서 연봉을 더 많이 준다고 해도 더 일을 하고 싶은 생각이 없어."

연봉을 더 많이 준다고 해도 더 일을 많이 하고 싶지 않다고? 보통의 직장인들이 듣기에 이 얼마나 재수 없는 소리인가? 한 푼이라도 더 월급을 받기 위해서, 아니 어디든 취직이라도 해서 제대로 된 월급을 받기 위해서 노력하는 직장인이나 취업준비생이 들으면 부럽기도 하고 한편으로는 정말 재수 없을 사람이 바로 정말로인 것이다.

"나 재수 없지?"

그런 홍 대리의 마음을 알고 있다는 듯 정말로가 말했다.

"응, 좀 많이. 그럼 너에게 중요한 것은 뭐니?"

홍 대리는 어이없다는 표정으로 물었다.

"좋은 질문이야, 홍인범. 나에게 지금 가장 부족하면서 중요한 것은 시간이야."

정말로는 웃으면서 대답했다.

"응?"

"지금 나는 돈이 더 필요한 상황은 아니야. 뭐, 돈은 많으면 많을수록 좋겠지만, 지금 내 상황에서는 돈보다 더 소중한 것이 많

아. 지금 나에게는 나 혼자 생활할 정도의 충분한 돈이 있지만, 사실 돈 쓸 시간도 없어. 그러니 내 인생은 지금 결코 행복하다고 볼 수 없어. 나에게 지금 더 필요한 것은 돈이 아니라 내 시간과 내 삶의 여유지."

정말로의 말에 홍 대리는 알 듯 모를 듯 고개를 갸우뚱했다.

"전략을 왜 세워야 하는지 알아? 이렇게 내가 가진 자원이 한정되어 있기 때문이야. 내가 충분한 돈과 시간과 여유와 모든 것을 다 가지고 있다면 뭘 고민할 필요가 있겠냐? 그냥 나 하고 싶은 대로 하고 살면 되지."

'가진 자원이 한정되어 있기 때문이라고?'

홍 대리는 갑자기 머릿속이 어지러워졌다.

'내가 가진 자원은 무엇일까?'

그렇게 생각하니 홍 대리는 자신이 가진 것은 아무것도 없는 것만 같았다. 돈도 없고 시간도 없고 여유도 없고 능력도 없고 백도 없고……

'도대체 나는 무엇을 가지고, 무엇을 하면서, 무엇을 위해서 살아가고 있는 걸까?'

갑자기 철학적인 질문이 그의 머리를 강타했다. 정말로가 계속 말을 이었다.

"만약에 우리가 이루고자 하는 무엇인가 있다고 해보자. 그것이 무엇이든 간에 이루어질 때까지 할 수만 있으면 결국 언젠가는 성공할 거야, 그렇지? 나는 이런 생각을 해본 적이 있어. 만약에 인간의 수명이 200살이나 300살 정도만 된다면 내가 하고 싶은 거 다 해보고 살 수 있을 것 같다고."

이 무슨 뚱딴지 같은 소리냐? 갑자기 사람 수명이 뭐?

"그런데 우리는 길어봤자 100년밖에 못 살잖아. 그것도 과학과 의학의 발달로 엄청나게 수명이 길어져서 그런 거지만. 혹시 모르지. 우리 다음다음 세대에서는 수명이 엄청나게 늘어나서 200살이나 300살까지도 살 수 있을지.

만약 그렇다면 나는 100년은 컨설턴트로 살아보고, 다음 100년은 작가로 한 번 살아보고, 다음 100년은 현모양처로 살아보고 싶어. 그리고 사유하는 철학자로도 한 번 살아보고 싶기도 해."

정말로는 생각만 해도 좋다는 듯 미소를 띠며 말했다.

"무슨 소리를 하는 거야?"

홍 대리가 퉁명스럽게 말하자 정말로는 그제야 정신을 차린 듯이 웃었다.

"아, 우리 전략 이야기하고 있었지? 하하하."

정말로는 이야기를 계속 이어갔다.

"어쨌건 우리 수명이 200살이나 300살쯤 된다고 해도 자신이 원하는 걸 모두 할 수 없을지도 몰라. 왜냐하면 수명은 늘어나서 시간은 많은데 돈이 없을지도 모르잖아. 그래서 200년이나 300년 동안 먹고살기 위해 돈만 냅다 벌다가 죽을지도 모르지.

그렇게 생각하면 수명이 늘어나는 것이 결코 좋은 것만은 아니다. 그렇지?"

전략 이야기를 하다가 또 삼천포로 빠졌다. 홍 대리는 그런 정말로를 이해할 수 없다는 표정으로 바라보았다.

"그러니까 내 말은, 우리에게 주어진 자원이 한정되어 있다는 거야. 특히 시간! 그리고 돈! 인력! 만약에 우리가 이런 자원들을 무한정 가지고 있다면 굳이 전략으로 머리를 아프게 할 필요도 없겠지.

사람마다 기업마다 가지고 있고 활용할 수 있는 자원이 다 달라. 나는 돈은 있지만 시간이 없고 너는 시간이 있지만 시간이 없다고 생각하고. 돈은……, 모아놓은 돈은 좀 있냐?"

정말로의 질문에 홍 대리가 퉁명스럽게 쏘아붙였다.

"돈이 있겠냐? 지방에서 서울로 대학 와서 학자금 대출 받아서 졸업했고, 서울 변두리에서 자취생활 한 지가 벌써 10년이 다 돼가는데……. 너 같이 미국 유학 다녀온 부잣집 아가씨는 상상도 못하겠지만 말이야."

그 말에 정말로가 홍 대리를 빤히 쳐다보았다. 그러고는 머쓱해하는 홍 대리를 향해 정말로가 말했다.

"어쨌건, 누구나 가지고 있는 자원이 다른데다 한정되어 있어. 이렇게 한정된 자원을 어떻게 효과적으로 배분하여 내가 원하는 바를 성취할 것인가가 전략의 핵심이라고 할 수 있지."

'한정된 자원의 효과적 배분!'

이 말은 정말로가 언젠가 한 적이 있다. 그러나 홍 대리는 이 말이 무슨 의미인지 아직은 정확하게 이해할 수가 없었다. 이제껏 홍 대리는 자신이 가지고 있는 자원이 무엇인지 생각해본 적도 없었기 때문이다. 당연히 그 자원을 어떻게 배분해야 할지도 생각해본 적이 없었다.

'내가 가진 자원이 무엇인지 정확히 알고 그것을 잘 활용해서 목표하는 바를 이루는 것······.'

정말로가 말했다.

"그러니까 정리하자면, 세상에는 아무리 노력한다고 해도 안 되는 일도 있다는 것, 그러니 노력해도 안 되는 일에 죽을 힘을 다해 집중할 필요는 없다는 거야. 노력해서 되는 쪽으로 나아갈 방향을 정해야 하는 것이지.

그래서 아무리 노력해도 죽어도 안 될 것과 될 것을 구분하고 될 것에다가 너의 자원을 적절히 배분하여 이루어지게 하는 것! 그것이 바로 '네 삶의 성공전략'이라는 거지."

"아······."

홍 대리는 이제야 조금 이해할 수 있을 것 같았다.

'내가 나가야 할 방향을 정한 다음 노력해도 죽어도 안 될 것과 될 것을 구분하고 거기에 자원을 적절히 배분하여 이루어지게 하는 것이 '나의 성공전략'이라고?

그렇다면 우리 회사 미래전략실에서 하는 일도 그런 것일까? 회사가 나아가야 할 방향을 정하고 회사가 절대 해서는 안 되는 사업과 해야 되는 사업을 정하고, 회사가 가진 자원을 적절히 배분하여 그 사업이 성공하도록 전략을 짜는 것!'

왜 어중간 부장이 홍 대리의 발표에 전략이 없다고 했는지 어렴풋이 알 수 있을 것 같았다. 홍 대리는 그저 시장 현황과 기술 동향만 분석해서 무작정 살뇌는 쪽으로 가야 된다고 발표했을 뿐이었다. 회사가 잘할 수 있는 일이 무엇인지, 그리고 절대 해서는 안 되는 일이 무엇인지에 대한 분석도 없었고, 잘할 수 있는 사업에 대하여 회사가 가진 자원을 어떻게 배분할지에 대한 계획도 전혀 없었던 것이다.

생각에 잠겨 있는 홍 대리를 향해 정말로가 말했다.

"어쨌건 내가 나의 소중한 자원인 '시간'을 너에게 일정량 배분해주는 대신 너는 그에 상응하는 너의 자원을 나에게 배분해줘야 해. 그것이 정당한 거래겠지? 앞으로 일주일에 한 번 나에게 컨설팅을 받을 때는 네가 맛집을 선정하여 맛있는 것을 사도록 해. 나는 맛있는 음식을 먹는 시간이 너무너무 행복하거든!"

정말로는 행복한 표정으로 활짝 웃었다.

기업의 전략경영(경영전략)이란 무엇인가?

기업에서 전략이라는 단어가 처음으로 본격적으로 사용되기 시작한 것은 1960년대부터다. 그 당시 미국의 대기업들은 사업을 다각화하면서 어떤 상품을 가지고 어떤 시장에 진입해야 하는가 전략을 고민하기 시작했다.

그리하여 다각화된 기업을 관리하기 위한 새로운 경영조직으로서 사업부제가 널리 보급되었다. 사업부제란 쉽게 이야기하자면 한 기업이 커지면서 점점 더 다양한 사업을 진행하게 되자 각 사업별로 부서를 구분하여 경영을 하는 것을 말한다.

1970년대 이후에는 전략 컨설턴트들이 등장하며 다각화된 기업에 전략기획 방법을 제안하기 시작했다.

오늘날 기업의 경영에서는 전략과 관련된 경영활동을 전략경영(Strategic Management) 혹은 경영전략(Business Strategy)이라는 단어를 모두 사용한다. 이 두 가지는 조금 다른 의미가 있다고 주장하는 학자도 있지만 두 단어 모두 같은 의미로 받아들여도 큰 문제는 없다.

세계적으로 전략경영(경영전략)이 경영학에서 본격적인 학문 영역으로 자리 잡기 시작한 1970년대 후반과 1980년대 초반 이전에는 이와 유사한 영역으로 경영정책(Business Policy)이라는 말을 쓰는 경우가 많았다. 이 또한 경영전략 혹은 전략경영과 구분하는 것이 무의미할 수도 있겠으나 엄격한 의미에서 구분을 하자면, 경영정책은 기업의 최고경영진이 주도하는 정책을 의미하고, 전략경영은 기업을 전략적으로 경영하는 과정, 즉 프로세스(Process)를 의미한다고 볼 수 있다.

• 우리나라 기업과 전략경영

우리나라 기업들이 본격적으로 전략경영에 관심을 갖기 시작한 시점은 외환위기로 인해 IMF 관리체제에 틀어간 1997년 말부터라고 볼 수 있다. IMF가 터지기 전 많은 기업들은 짧은 기간 내에 기업의 규모를 키우는 데만 급급하여, 차입경영을 통해 엄청난 규모의 설비투자와 사업확충을 하는 것이 일반적인 경영의 모습이었다.

그 결과 전자, 철강, 화학, 건설, 금융, 유통 등 여러 가지 사업에 진출하면서 기업의 외형은 커졌으나, 과연 어떤 사업이 그 그룹의 핵심역량인지 모르는 경우도 많았다. 이러한 차입경영과 문어발식 사업확장은 결국 외환위기를 겪으면서 수많은 기업의 도산으로 이어졌고 은행의 부실채권과 국민의 세금부담을 가중시켰다.

그래서 이때부터 기업에서는 무조건 크게 키우고 매출을 성장시키는 것만이 좋은 것이 아니라는 사실을 깨닫고 본격적으로 사업에 대한 전략을 준비했다. 선택과 집중을 통해 잘할 수 있는 사업으로 역량을 집중하는 동시에 내실을 중요하게 여기기 시작한 것이다. 그 후 오늘날까지 기업 간의 경쟁은 더 치열해졌고 기업 간 경쟁이 심화되면서 전략기획의 중요성은 더욱더 커지고 있다.

• 개인의 성공전략은 어떨까?

돈을 많이 벌거나 더 큰 회사, 더 큰 집, 더 큰 차를 가진 사람이 되는 것이 성공의 기준인 사람도 있을 것이다. 그런 개인의 기준이나 목표가 잘못되었다고 말할 수는 없지만, 다른 사람 눈에 보이는 외형으로만 자신의 성공의 기준을 삼는다면 과거 IMF 이전에 기업들이 기업의 규모를 키우는 데만 급급했던 것과 다를 바가 없다.

기업이 차입을 하여 기업의 외형을 키운다는 것은 개인으로 비유하자면, 자신의 역량이나 자원이 아닌 타인의 역량이나 자원을 빌려서 살만 찌우는 일과 같은 것이다. 다른 사람의 돈을 빌려서 계속 맛있는 것을 사 먹고 살만 찌워놨는데, 만약 더 이상 돈을 빌려올 곳이 없다면 어떻게 되겠는가? 이미 큰 몸집에 맞게 먹고 입고 자는 데 들어가는 비용 또한 엄청나게 늘어나 있는데 갑자기 돈을 구해올 곳이 없다면 준비도 없이 망해버릴 것이다. 더구나 몸집 키우기에만 급급하다 보니 정작 내면의 건강을 챙기는 것에는 소홀할 수밖에 없을 것이다.

반면에 자신이 가진 자원이 무엇인지 정확히 인식하고 그에 맞는 합리적인 생활을 하고 있었던 사람이라면 어떨까? 건강한 생활을 유지하고 있고 과도한 생활비를 쓰지도 않았으므로 갑자기 어려움이 닥쳐올 가능성은 많지 않을 것이다. 그러니 타인의 눈에 보이는 외형보다는 자신의 내면도 생각하는 성공전략을 수립할 수 있도록 노력해야 한다.

초고속 승진한
최 과장이 살아남는 법

홍 대리의 본격적인 미래전략실 생활이 시작되었다.

처음에 너무 겁을 먹어서 그런지, 어느 정도 일을 해보자 미래전략실도 홍 대리가 근무하던 마케팅팀과 그리 다르지 않게 느껴졌다. 다만 한 가지 크게 달라진 것은 이곳에는 그 전에 없던 강력한 경쟁자가 한 명 있다는 것이다.

"어, 홍 대리. 이제 왔어?"

지각을 한 것도 아닌데, 최강수 과장이 출근하는 홍 대리에게 다가와 큰소리로 말했다. 미래전략실 사람들은 다들 일찍 출근하고 있었다. 미래전략실 임원들을 포함한 임원회의가 매일 오전 7시 반에 있다고 했다. 그러니 경영진들을 보좌하는 미래전략실 사람들도 덩달아 일찍 나와야만 하는 것이다.

"어……. 어제 늦게까지 야근을 했더니…….""

사실이었다. 어제 새벽까지 보고서를 작성하고 퇴근해 잠시 눈을 붙인 뒤 출근한 것이었다. 그러나 다들 7시 반에 나와 있는데 혼자 9시에 출근하는 게 괜히 미안해서 홍 대리는 멋쩍게 웃으면서 작은 목소리로 말했다.

"야근? 홍 대리가 무슨 야근까지 할 일이 있다고 그래? 너무 열심히 하지 마. 몸도 생각하면서 적당히 일해야지."

최강수는 큰소리로 웃으면서 착한 표정으로 말했지만, 홍 대리는 그런 그의 얼굴을 한 대 쳐주고 싶었다. 사실 어제 야근을 한 이유는 최강수가 떠넘긴 일 때문이었기 때문이다. 어제 퇴근시간이 다 되었을 무렵에야 최강수가 홍 대리에게 말했다.

"홍 대리. 내가 지금 메일 보내놨는데, 내일 아침까지 불황기 극복 전략 마무리해서 보내줘!"

"내일 아침까지? 불황기 극복 전략을? 그거 최 과장이 오래 전부터 맡아서 하던 일이잖아. 그리고 지금 퇴근시간 다 됐는데……."

홍 대리는 영문을 몰라서 물었다. 그러자 최강수가 대답했다.

"우리 하는 일이 늘 그렇지 뭐. 설마 미래전략실에서 근무하면서 남들 출근하는 시간에 출근하고 남들 퇴근하는 시간에 퇴근하려던 것은 아니지? 그리고 과장인 내가 시간이 없으면 바로 그 아래인 홍 대리가 해야 하는 건 당연한 거 아냐? 내가 거의 다 정리해놨으니까 비어 있는 부분 자료 보강해서 마무리 작업만 하면 될 거야. 그럼 나는 다른 미팅이 있어서 이만!"

최강수가 그렇게 나가자 홍 대리는 재빨리 그가 보낸 메일을 확인해보았다.

'이게 뭐야?'

홍 대리가 메일을 열어 첨부파일을 확인해보니 거기에는 몇 장만 씨놓은 파일이 하나 있을 뿐이었다.

'몇 장밖에 해놓은 것이 없는 이 자료 가지고 나더러 마무리만 하라는 거였어?'

홍 대리는 끓어오르는 속을 진정시키며 거의 새로 만들다시피 보고서를 하나하나 작성해갔다. 보고서를 완성하고 회사를 나올 때는 이미 꼭두새벽이었다.

"그런데 어제 내가 보낸 불황기 극복 전략은 다 완료한 거야?"

최강수 과장은 홍 대리에게 조용히 물었다.

"네. 최 과장님. 완성본 메일로 보내드렸으니 확인해보세요."

홍 대리는 지친 표정으로 말했다. 홍 대리는 상황에 따라 동기인 최강수에게 높임말과 반말을 섞어가면서 쓰고 있었다.

그때 어중간 부장이 다가왔다.

"최 과장, 불황기 극복 전략 준비 다 됐어?"

"네!"

최강수가 큰소리로 대답했다.

"그러면 지금 리뷰하자고. 홍 대리도 같이 들어와."

어중간 부장은 회의실로 먼저 성큼 들어갔다.

"음……. 불황기 극복 전략은 매우 정리가 잘되었군. 사례별 인사이트도 잘 찾았고 우리가 불황기를 대비하여 무엇을 준비해야 하는지도 잘 정리가 되었어. 이대로 바로 위에 보고해도 되겠어."

"감사합니다."

최강수 과장은 겸손한 표정으로 대답했다. 홍 대리는 자신이 작성한 자료를 마치 혼자 한 것처럼 이야기하는 최강수가 정말 이상하다는 생각이 들었지만, 마음속으로는 안도의 한숨을 쉬었다. 지난번 발표 때처럼 전략이 없다고 깨진 것이 아니라 잘 정리가 되었다고 하니 내심 마음이 놓인 것이다.

그런데 전략이 도대체 뭐란 말인가? 지난번에는 자신 있게 전략을 수립했는데 전략이 없다고 하고 이번에는 급하게 정리했는데 잘 되었다고 하니, 아직도 전략이란 게 무엇인지 알듯 말듯 아리송하기만 했다.

"그런데, 최 과장. 여기 이 그래프 단위가 뭐야? 단위가 표기 안 되었잖아? 자료의 완성도에 단위가 얼마나 중요하지 몰라?"

자료를 전체적으로 다시 훑어보던 어중간 부장이 보고서 한 페이지를 놓고 소리쳤다. 순간 최강수는 섬뜩한 눈빛을 홍 대리에게 보내면서 말했다.

"아, 죄송합니다. 제가 어제 너무 바빠서 홍 대리에게 그래프 하나만 찾아달라고 부탁했는데, 홍 대리가 단위를 표기 안 했네요."

지금 최강수 과장이 무슨 말을 하고 있는 거지? 홍 대리는 철저한 부장 덕분에 오타나 단위 표기를 실수하는 버릇은 완전히 고쳤는데 말이나. 가만 보니 실수가 난 쪽은 그가 작업한 페이지가 아니었다. 최강수가 먼저 붙여놓았던 그래프 중에 하나였다. 그것까지 확인하지 못한 건 홍 대리의 실수지만, 그래도 조직 내 상위자인 최 과장이 만들어놓은 부분을 자기 마음대로 고칠 수도 없는 것이었다.

최강수 과장은 혹시 홍 대리가 쓸데없는 이야기를 할까 봐 섬뜩한 눈빛을 거두지 않고 홍 대리에게 말했다.

"홍 대리, 앞으로는 오타 한 글자도 없도록 하고 단위 하나라도 빠지지 않도록 좀 더 신경 써주세요. 홍 대리는 이제 과장이 돼야 할 사람이잖아요. 이런 사소한 실수를 가지고 지적받을 군번은 아닌 것 같은데?

그리고 홍 대리 출근시간도 정시에 딱 맞추던데 말이에요, 우리 미래전략실은 남들 출근하는 9시에 맞춰 와서는 안 됩니다. 우리 부서는 7시 반, 늦어도 8시까지는 출근해야 합니다. 분위기 보면 대충 알아야지, 홍 대리가 사원급도 아닌데 이런 것까지 일

일이 설명해야 합니까?"

최강수 과장이 지금 무슨 말을 하는 것일까? 홍 대리는 너무 놀라 아무런 말도 할 수가 없었다. 그때 어중간 부장이 말했다.

"최 과장, 이 보고서 홍 대리에게 보내서 경제 지표와 우리 매출 실적 좀 더 보강시켜, 자네가 내일 임원회의에서 발표할 수 있도록하게."

"네! 부장님!"

최강수는 어중간의 눈을 맞추면서 씩씩하게 대답했다.

'내가 준비한 자료를 가지고 최 과장이 임원회의에서 발표한다고?'

홍 대리는 힘이 쭉 빠졌다. 이거였던 건가? 최강수가 홍 대리를 미래전략실로 불러들인 이유가? 자신의 부하로 두고 막 부려먹기 위해서?

'홍인범, 오늘 맛집 준비됐냐?'

그때 정말로의 메시지가 왔다. 그렇잖아도 고민을 나눌 상대가 필요했던 홍 대리는 반가운 마음으로 정말로와의 만남을 준비했다.

어떤 사람이 될 것인가?

"즉석떡볶이 집이라."

홍 대리가 첫 번째 컨설팅 장소로 정한 맛집은 즉석떡볶이 집이었다. 나름대로 정말로의 취향과 이동시간, 교통편까지 분석하여 낸 몇 가지 대안 중에 가장 좋은 장소로 선택한 것이다. 홍 대리는 정말로가 장소 선정에 대하여 어떤 평가를 할지 괜히 긴장이 되었다.

"나쁘지 않은데? 내가 떡볶이 좋아하는 거 어떻게 알았냐?"

'휴, 다행이다.'

정말로가 나쁘지 않은 평가를 내리자 홍 대리는 마음이 놓였다.

"일단 떡볶이는 20~30대 여성이 대부분 좋아하지. 그리고 내 기억에는 네가 매콤달콤한 음식을 좋아했던 것 같단 말이야. 게다가 너는 고등학교 졸업 이후로 외국에 나가서 오래 지내다 왔으니 학창시절에 맛있게 먹던 추억이 그리울 것도 같았고!"

홍 대리가 으쓱하면서 말했다.

"오, 전략적인데?"

정말로가 웃으면서 말을 이었다.

"내 취향과 상황까지 고려해서 메뉴를 정하듯이 너의 직장 내 고객인 철저한 부장님의 취향과 상황까지 고려해서 일했다면 그렇게까지 깨질 일도 없었을 것 같은데?"

정말로의 말에 홍 대리도 문득 그런 생각이 들었다.

'그랬을까? 내가 부장님의 입장에서 생각하고 배려하고 고민했더라면, 야단맞고 깨지는 일도 없었을까?'

전략은 상대방에 대한 이해에서 시작 된다는 걸 깨달은 홍 대리는 오늘 있었던 최강수와의 일을 떠올렸다.

"최강수 과장이야말로 정말 전략적인 사람이네."

최강수에 대한 이야기를 듣고 난 정말로가 남은 떡볶이 국물에 밥을 볶으면서 말했다.

"뭐가? 그건 전략적인 게 아니라 비열한 거지! 그런 게 전략이라면 나는 전략적인 사람이 되고 싶지 않아!"

홍 대리는 화를 벌컥 내었다.

"전략이란 빠르게 변화하는 환경 속에서, 적대적인 경쟁자들을 상대로, 내가 가진 귀중한 자원을 어디에 어떻게 배분하는 것이 가장 큰 효과를 가져올지 결정하는 것이라고 볼 수 있거든. 그런 의미에서 봤을 때 말이야, 최강수 과장은 경쟁자인 너를 상대로 극히 적은 자원을 투입해서 엄청나게 큰 이익을 얻으니 이보다 더 전략적인 게 어디 있겠어?"

정말로의 말이 틀린 것은 없지만 홍 대리는 그래도 인정하고 싶지 않았다.

"남을 속이고 거짓말을 하고 다른 사람에게 피해를 줘도 상관없는 것이 전략이라면, 나는 나 자신의 성공만을 위한 전략을 수립하고 싶지는 않아."

홍 대리는 단호하게 말했다. 정말로가 밥을 먹다 말고 그를 가만히 쳐다보았다.

"왜?"

홍 대리는 자기 얼굴에 뭐라도 묻은 것인지 궁금해졌다. 정말로가 홍 대리를 빤히 보면서 말했다.

"기업에서 전략을 수립할 때, 가장 먼저 해야 하는 것이 바로 '어떤 회사가 될 것인가?'를 결정하는 거야."

'어떤 회사가 될 것인가?'

"사람도 마찬가지지. 자신만의 전략을 짜려면 '어떤 사람이 될 것인가?'를 먼저 결정해야 해."

'어떤 사람이 될 것인가?'

"만약에 어떤 기업이 수단과 방법을 가리지 않고 무조건 어떤 목표를 이루는 회사가 되겠다고 결정한다면, 그것을 위해 다른 기업을 속이거나 소비자를 속이거나 불법을 저질러서라도 성공하는 전략을 만들겠지.

하지만 너도 잘 알겠지만, 편법을 써서 성장한 기업이 초반에는 승승장구하며 잘나가는 것 같이 보일지 몰라도 끝까지 그런 방법으로 성공할 수는 없잖아?"

정말로가 다시 밥으로 시선을 돌리며 말을 이었다.

"예를 들어, 어떤 기업이 특정 시장에서 최고의 매출을 내고자 한다면 매출 확대를 위한 전략이 나올 것이고, 또 다른 기업은 소비자에게 사랑받는 기업이 되고자 정했다면 소비자에게 사랑받는 방법에 대해서 고민할 테고 그것을 달성하기 위한 전략이 나오겠지.

사람도 마찬가지야. 스스로 '어떤 사람이 될 것인가'를 먼저 결정하고 그에 맞는 전략을 세워야 하는 거야. 최강수 과장은 동기이면서 친구인 너에게 피해를 주고서라도 무조건 자신이 먼저 인정받고 승진하고 싶어 하는 사람이니까 그에 맞게 전략적으로 살고 있는 것이지.

그러니까 너도 가장 먼저 네가 어떤 사람이 되고 싶은지를 결정해야 해. 한번 잘 생각해봐."

'어떤 사람이 될 것인가를 먼저 결정해야 한다고?'

홍 대리는 적어도 최강수처럼 남을 속이고 다른 사람에게 피해를 주면서까지 자신의 성공만을 위해 살고 싶지는 않았다.

"오늘 너무 중요한 이야기를 많이 했네. 그리고 나 저녁 먹고 다시 사무실로 들어가 봐야 해. 그래서 오늘 컨설팅은 여기서 끝!"

떡볶이 국물에 볶은 밥을 바닥까지 싹싹 긁어먹은 정말로는 숟가락을 탁 내려놓으면서 말했다.

가장 먼저 답을 내라, '어떤 회사가 될 것인가?'

기업에서 경영전략이란 가장 먼저 '어떤 회사가 될 것인가(What kind of company we will/should be)'를 결정하는 것이다. 그런 다음 우선순위를 결정하고 어떻게 희소한 자원을 배분할 것인지 결정해야 한다.

'어떤 회사가 될 것인가'라는 것은 기업이 추구하는 목표, 기업이 추구하는 사업, 제품과 서비스, 기업이 목표로 하는 시장, 경쟁의 방식, 이런 계획들을 실행하기 위한 조직을 구성하는 것까지 다양한 전략적 요소들을 선택하고 통합하는 문제다. 여기서 중요한 것은 이 모든 결정들은 미래 시점을 중심으로 해야 한다는 것이다.

- **회사가 나아가야 할 길, 비전과 사명**

기업에서 '어떤 회사가 될 것인가'에 관한 것은 기업의 비전(Vision)으로 나타나게 된다. 예를 들어 자동차 기업 혼다의 비전은 '완벽한 엔진을 만든다'는 것이고 글로벌 물류기업 페더럴 익스프레스의 비전은 '진정으로 신뢰할 만한 우편배달 서비스를 제공한다'는 것이다.

기업에서 최고 경영자가 '열심히 일하자' '최고가 되자' '최선을 다하자'고 말한다고 해서 그것이 구체적으로 실현되기는 매우 어렵다. 어떤 목표가 있는지가 불명확하기 때문이다.

비전은 '앞으로 되고자 하는 뚜렷한 그림' '앞으로 희망하는 미래의 모습' '언젠가는 실현 가능한 것'이 되어야 한다. 전략의 효과적인 수립과 실행에 있어서 가장 중요한 것이 바로 조직 전체의 몰입(Commitment)을 얻어내는 것인데, 제대로 정의된 비전은 여기에 큰 영향을 미친다.

기업에서는 이러한 기업의 비전을 담아 사명(Mission)을 정하기도 한다. 기업의 사명을 문장 형식으로 구체화한 것을 사명선언문(Mission statement)이라고 한다. 사명선언문은 '우리는 누구이고, 우리는 무엇을 하며, 우리는 어디로 가는가(Who we are, What we do, and What we are headed)'에 대한 내용을 담게 된다.

예를 들어 삼성의 사명은 '인재와 기술을 바탕으로 최고의 제품과 서비스를 창출하여 인류사회에 공헌한다'이며 게임기업인 엔씨소프트는 '즐거움으로 연결된 세상을 만드는 것'이다.

- **비전과 사명은 회사의 성패를 좌우한다**

비전이 앞으로 나타날 모습에 관한 것이라면 사명은 어떻게 할 것인지 더 구체적으로 정의하는 것이라고 보면 된다. 그렇다고 해서 비전과 사명을 철저하게 구별할 필요는 없다. 하지만 어떤 회사가 될 것인지를 결정하고 그것을 조직 전체와 공유하는 것은 기업이 성공하기 위해 매우 중요하다.

유아 및 의료용품을 생산하는 글로벌 기업 존슨앤드존슨의 사례를 들여다보자. 존슨앤드존슨은 회사의 비전과 사명을 경영에서 실현한 모범 사례로 꼽힌다. 존슨앤드존슨은 회사가 고비에 처할 때마다 자신들의 비전과 사명에 따른 원칙을 지키며 위기를 극복했다.

존슨앤드존슨의 본관 건물에 들어서면 사람 키보다 조금 큰 석판에 새겨진 '우리의 신조(Our Credo)'를 만나게 된다. 1943년 이 회사 설립자의 손자인 로버트 존슨이 처음 명문화한 '우리의 신조'는 미국식 기업 윤리강령의 대표격으로 꼽히는데, 그 주요 내용은 이렇다.

첫째, 우리는 우리 제품과 서비스를 이용하는 의사, 간호사, 환자, 환자의 가족들을 비롯한 모든 사람들에 대해서 책임을 져야 한다.
둘째, 우리는 전 세계 각지에서 우리와 같이 일을 하는 모든 남녀직원에 대하여 책임을 져야 한다.
셋째, 우리가 생활하고 근무하고 있는 지역사회는 물론, 세계 공동체에 대해서 책임을 져야 한다.
넷째, 우리는 회사의 주주에 대해서 책임을 져야 한다.

1982년 미국 시카고에서 존슨앤드존슨이 판매하던 진통제 타이레놀에 독극물인 청산가리가 투여되어 6명이 사망하는 사건이 발생했다. 이때 존슨앤드존슨은 즉시 이 사실을 공표하고 범인에게 10만 달러의 현상금을 거는 동시에 타이레놀을 전량 수거했다. 이 일로 존슨앤드존슨은 수백만 달러의 손실을 입었고 시장점유율은 절반 이하로 떨어졌다. 하지만 기업의 이익보다 공공의 안전을 먼저 생각하는 회사의 비전과 사명을 통해 장기적으로 다시 발전하는 기회를 잡을 수 있었다. 이처럼 기업의 성공은 속도보다는 방향에 좌우되고 모든 임직원이 한 방향을 바라보고 달릴 수 있는 비전과 사명은 성공의 기초가 될 수 있다.

이처럼 비전이란 '조직 내 모든 구성원들의 꿈과 의지가 내재된 미래 모습을 이미지화'한 것으로 계량적으로 측정하기 어려운 개념이다. 따라서 비전을 표현하는 방법은 기업에 따라 다르며 구체적으로 정해진 것도 없다.

- '어떤 사람이 될 것인가'를 먼저 결정하라!

이러한 전략의 개념은 개인에게도 적용할 수가 있다. 먼저 '어떤 사람이 될 것인가

(What kind of person I will/should be)'를 결정하고, 그런 사람이 되기 위해 언제 무엇을 어떻게 해야 할지를 결정하고, 자신이 가진 자원을 어떻게 배분할지를 결정하는 것이다. 자신이 진정으로 원하는 실현 가능한 미래의 모습을 정하고 그 방향을 향해 속도에 너무 연연하지 말고 나아가는 것, 그것이 바로 성공을 향한 시작이다.

전략에도
원칙이 필요하다

'나는 어떤 사람이 되고 싶은 걸까?'

홍 대리는 요즘 이 질문을 스스로에게 계속 하고 있다. 신기한 건 자기 자신에게 이 질문을 하는 것만으로도 홍 대리의 생활습관이 많이 달라졌다는 것이다. 가장 먼저 달라진 부분은 자신도 모르게 마음에 여유가 생겼다는 점이다.

예전에는 어렵고 복잡한 일에 몰두하다 보면, 자신이 왜 그 일을 하고 있는지조차 잊어버릴 때가 많았다. 회사 일이든 개인적인 일이든 항상 시간에 쫓겨서 급한 마음에 진행하다 보니, 왜 그 일을 해야 하는지 어떻게 해야 하는지 생각할 틈이 없었고 결국 실수가 생기고 오히려 결과가 좋지 않은 경우도 많았다.

그런데 요즘 홍 대리가 스스로를 돌아보고 자신의 미래 모습을 그려보는 시간이 많아지면서 오히려 현재 하고 있는 일들에 실수가 줄었다. 더 신기한 것은 지각도 눈에 띄게 줄었다는 점이다.

'뭔지는 모르겠지만 말이야, 내가 어떤 사람이 되고 싶은지 생각을 한다는 자체만으로 나에게 도움이 되는 에너지를 받는 기분이야.'

홍 내리는 요즘 자신도 모르게 전략적인 사람이 되어가는 듯한 느낌이 들었다. 그런데 중요한 건, 아무리 자신을 돌아보고 미래의 모습을 고민해봐도 '어떤 사람이 되고 싶은가'에 대해서 한 문장으로 정의하기가 너무 어렵다는 것이었다.

그래서 홍 대리는 고민 끝에 자신이 되고 싶은 사람이 지켜야 할 기본 원칙을 쭉 써내려가 보았다.

〈나는 어떤 사람이 되고 싶은가?〉
- 다른 사람에게 피해가 되는 일은 하지 않는다.
- 최고의 전략기획자가 된다.
- 나의 능력을 지속적으로 향상시키고 최대한 발휘한다.
- 창의적인 접근을 한다.

'휴. 너무 어려워!'
홍 대리는 정말로에게 긴급 도움을 요청했다.

"정말로 컨설턴트님, 두 번째 컨설팅이 필요합니다. 오늘의 맛집 메뉴는 순댓국입니다."

"좀 위험하지 않아?"

순댓국집에 도착해서 정말로가 물었다.

"뭐가?"

"순댓국은 너무 호불호가 갈리잖아. 내가 순댓국을 못 먹을 수도 있고."

"그래서 고민을 좀 많이 해봤는데 말이야, 이 집 순댓국이 정말 맛있거든. 평소에 순댓국을 잘 안 먹던 사람도 이 집 순댓국은 잘 먹거든. 그러니까 만약에 네가 순댓국을 좋아하면 이 집을 선택한 건 대성공이고, 평소에 네가 순댓국을 좋아하지 않더라도 이 순댓국을 먹어보면 생각이 좀 달라질 수도 있고.

그런데 이 집 순댓국을 먹고도 혹시 맛이 없다면 앞으로 다시는 순댓국집을 안 가는 게 좋을 거야. 그러니까 설령 이 집 순댓국이 맛이 없다고 해도 앞으로 다시는 순댓국집을 선택하지 않아야겠다는 교훈을 얻는 셈이니, 어쨌건 나쁘지 않은 선택이라고 생각했던 거야."

홍 대리가 순댓국집을 선택한 이유를 설명하자 정말로가 싱긋 웃으면서 말했다.

"그래? 그렇다면 오늘 맛집 선택은 대성공이네. 나 순댓국 무지 좋아해!"

순댓국을 주문해놓고 기다리면서 홍 대리는 자기가 쓴 종이를 쓱 내밀었다.

"내가 어떤 사람이 되고 싶은지를 고민해봤는데, 한 문장으로 적기가 너무 힘들어. 그래서 대충 이렇게라도 해봤는데……."

정말로는 홍 대리가 내민 종이에 적힌 내용을 읽더니 말했다.

"잘했네!"

칭찬은 고래도 춤추게 한다고 했던가? 까칠하기가 철저한 부장보다 둘째라면 서러워할 정말로가 잘했다고 칭찬을 하니 홍 대리는 날아갈 듯 기분이 좋아졌다.

정말로는 그런 홍 대리를 보며 경영전략의 기본 원칙에 대해서 설명했다.

"기업에서 경영전략을 수립할 때는 먼저 그것에 대한 기본 원칙을 명확히 해야 해. 이런 기본 원칙 없이 경영전략을 수립하게 되면 시간도 많이 소요되고 혼란도 야기될 수 있거든.

그리고 성공한 기업의 기본 원칙을 그대로 따른다고 해도 그것이 정답은 아니야. 과거에 많은 기업들이 기본 원칙을 정하지 않고 경영전략을 수립하거나 단순히 경쟁 업체의 경영전략을 따라 하다가 실패한 경우가 많았거든."

"그렇구나."

홍 대리는 자기가 적은 내용들이 전략 수립을 위한 기본 원칙 정도는 될 수 있다는 것을 깨달았다.

"이런 기본 원칙을 방향성이라고 이야기해도 될 거야. 기업에서는 기본 원칙을 경영이념으로 나타내기도 하지.

세별전자의 오랜 경쟁자이기도 하지? 소니의 사례를 한 번 들어보자면, 소니는 최초의 설립 배경이 다른 재벌기업과는 달라. 일본에서 제2차 세계대전 후에 설립된 소니는 전시체제에 대한 반발로 개인의 존중과 민생품을 생산하는 데 중점을 두었거든? 그리고 기술자들이 자아실현을 중요시하여 회사의 목표를 '다른 회사가 보유하지 않는 기술로 소비자의 풍요로운 삶에 기여하는 제품을 만들 것'으로 정했어. 그래서 그리고 소니의 경영이념은 이렇게 정해졌지."

정말로는 스마트폰을 꺼내 소니의 경영이념을 검색해 보여주었다.

'남이 하지 않는 일을 한다.'

'남보다 한발 앞선다.'

'최고의 기술을 발휘한다.'

'세계를 상대로 한다.'

'자기의 능력을 최대한 발휘한다.'

'모든 질서를 실력, 인격주의에 둔다.'

그러고 보니 홍 대리가 정한 성공전략의 기본 원칙도 조금 비슷한 느낌으로 정리가 된 듯했다.

"홍인범은 어떤 사람이 되고 싶은가?"

정말로는 홍 대리가 쓴 글을 읽어보더니 계속 설명했다.

"기업은 이러한 기본 원칙이나 경영이념에 따라 사업 추진 기순을 잡고 조직행동 기준을 만들지.

그래서 소니는 사업을 추진할 때 기준을 '남이 하지 않는 일을 하고 그들보다 한발 앞서며, 최고의 기술을 발휘한다는 선진성'으로 목표 수준을 잡았고, 조직행동 기준은 '실력 중심으로 인격을 존중하는 자세로 개인 능력을 최대한 발휘시키고자 한다'는 인재 육성 방침을 잡은 거지."

"응, 그렇구나."

말이 좀 어렵기는 했지만, 무슨 의미인지 홍 대리는 이해할 수 있을 것 같았다.

"그러니까 너도 이런 너의 기본 원칙에 따라 앞으로 너의 미래 전략을 수립하고 실행해야 하는 거야."

곧 이어 먹음직스러운 순댓국 두 그릇이 나왔고, 두 사람은 한 마디 이야기도 없이 순댓국을 맛있게 먹어 치웠다. 한 그릇을 후딱 먹은 정말로는 행복한 표정으로 말했다.

"야, 여기 순댓국 정말 맛있다."

"그렇지?"

"이 순댓국도 맛있지만, 같이 먹는 이 겉절이가 정말 예술인데?"

"응, 이 순댓국집 할머니가 매일 아침에 새로 담그는 겉절이래. 이 집 아니면 못 먹는 거지."

홍 대리는 자신의 선택이 좋은 평가를 받아서 기분이 좋았다. 기분이 좋아서 그런지 앞에 있는 정말로가 부쩍 예뻐 보이기까지 했다.

'역시 사람은 기분이 좋아야 세상이 아름답게 보이는 법이야.'

홍 대리는 생각만 조금 바꾸어도 우울하기만 하던 세상이 점점 더 밝아지고 아름다운 모습으로 변하는 것이 신기하기만 했다.

3장
성공적인 전략가가 되기 위한 절대 요건

폭풍은
예고 없이 찾아온다

한동안 홍 대리도 별문제 없이 잘 지내는 듯했다. 조금씩 미래 전략실에서의 생활도 자리를 잡아가고 있었다.

그러나 사건의 발단은 조용한 어느 날 시작되었다. 출근해서 메일함을 열어본 홍 대리는 깜짝 놀랐다. 최강수 과장이 새벽에 보낸 메일이 와 있었기 때문이다.

'이게 뭐야?'

최강수 과장이 메일을 보낸 시간은 새벽 2시 30분이었고, 메일 내용은 '갑작스럽게 인도 진출 전략 프로젝트 건으로 연구소에서 오전부터 미팅이 잡혔으므로, 자신이 하고 있던 모바일폰 수요 확대 전략보고서는 홍 대리가 마무리를 해달라'는 것이었다. 인도 진출 전략 미팅이 끝나고 연구소에서 출발하면 오후

4시쯤 사무실에 도착할 거고 오후 5시에 상무님 보고가 있으니, 1시간 정도 자기가 검토하고 미팅에 들어가겠다는 내용이었다.

  그동안도 무작정 자기 일을 떠넘기는 일이야 비일비재했지만, 이렇게 중요한 일을 급하게 떠넘기다니 홍 대리는 정말 이해를 할 수가 없었다. 그러나 같은 부서 과장이 시키는 일이니 대리 나부랭이가 반항은 하지 못하겠고 바싹 열이 받았다. 그러나 다른 방법이 없지 않은가?

  홍 대리는 첨부된 파일을 열었다.

  '이건 또 뭐야?'

  제목만 쓰인 텅 빈 페이지만 여러 장 나열되어 있었다. 자료를 처음부터 작성하는 것과 마찬가지였다.

  '아, 진짜!'

  홍 대리는 불평을 할 틈도 없이 자료를 찾아서 보고서를 채워나가기 시작했다. 덕분에 점심은 쫄쫄 굶을 수밖에 없었다. 어제 소주까지 한잔한 데다가 식사까지 거르니 속이 뒤집어지는 것 같았다. 하지만 홍 대리는 화장실도 못 가고 장표를 채워나갔다.

  "휴, 겨우 끝냈네."

3시 30분경 정신없이 자료를 완성해서 최강수에게 보내고 나서, 홍 대리는 사무실 밖으로 나섰다. 늦은 점심을 먹을까 했지만, 속이 너무 아픈 나머지 약국으로 갔다.

"속이 너무 쓰려서 그런데 위장약 좀 주세요."

약을 까서 마시려는 순간, 휴대전화가 울렸다. 바로 최강수 과장이었다.

"네, 최 과장님······."

"홍 대리 지금 업무 시간에 어디 있는 거야?"

다짜고짜 최강수가 소리를 질렀다.

"아, 지금 약국에서 약을······."

"됐고, 지금 당장 사무실로 가. 나 지금 연구소 미팅 끝나고 회사 들어가는 길인데, 빗길에 교통 사고가 났어. 길이 꽉 막혀서 시간 내에 못 들어갈 것 같으니까 홍 대리가 지금 당장 회의 들어가서 상무님께 그 보고서 발표해!"

홍 대리는 약을 먹지도 못하고 바로 사무실로 달려 들어갔다. 어중간 부장이 홍 대리를 보자 말했다.

"최 과장이 자료 다 완성해서 홍 대리에게 보내줬다며? 출력해서 지금 당장 가지고 와봐."

이게 또 무슨 말인가? 누가 누구에게 자료를 완성해서 넘겨줬다는 말인가? 최 과장이 마무리한 자료가 아니라 자신이 마무리한 자료라는 말이 목구멍까지 차 올라왔지만 꾹 참고 자료를 출력해서 어중간 부장에게로 갔다.

어중간 부장은 빠르게 자료를 훑어보더니 급한 목소리로 말했다.

"정리가 잘되었군. 홍 대리, 이 자료 가지고 지금 회의 들어가서 발표할 수 있겠어? 여기에 있는 자료 그대로 읽기만 하면 되니까 할 수 있겠지?"

홍 대리가 대답할 틈도 없이 어중간 부장이 일어섰다.

"자, 시간 다 됐으니 빨리 가자고. 노트북 챙겨서 따라와."

너무 급하게 자료를 정리하다 보니 작은 실수가 있기는 했지만 발표는 무사히 잘 끝났다. 숫자가 잘못 쓰인 장표가 스크린에 띄워졌을 때에야 홍 대리는 자신의 실수를 알아차릴 수가 있었다. 하지만 중요한 데이터가 아니었기 때문에 큰 문제 없이 넘어갈 수 있었다. 왜 항상 오타는 프레젠테이션 자리에 가서야 보이는 걸까.

발표를 마치고 사무실로 돌아오니, 최강수 과장이 자리에 앉아 있었다. 최강수는 어중간 부장을 보자마자 자리에서 벌떡 일어서서 말했다.

"부장님, 정말 죄송합니다. 제가 어제 꼭두새벽까지 보고서 만들고 아침부터 연구소에 가서 미팅하느라 점심밥도 못 먹고 돌아오는 길에, 갑자기 제 바로 앞 차가 교통사고가 났지 뭡니까? 사람들이 길을 막고 싸우는 바람에 꼼짝도 못했습니다. 정말 죄송합니다."

어중간 부장은 최 과장을 한번 쓱 보더니 말했다.

"뭐, 할 수 없지. 다행스럽게도 홍 대리가 발표를 잘 해줬어. 홍 대리, 수고했어."

어중간 부장은 홍 대리의 어깨를 툭 쳤다. 그러자 최강수의 표정이 한순간 일그러졌다.

"그런데, 최 과장. 앞으로는 중요한 미팅이 있을 때 일정 조정을 잘하란 말이야."

어중간 부장이 조금 인상을 쓰면서 말했다.

"네, 부장님. 임원회의도 잘 끝났는데 오늘 저녁에 좋은 데 가서 술 한잔하시겠어요?"

최강수는 비굴한 미소를 지으면서 말했다.

"그러지"

어중간과 최강수는 이야기를 나누면서 복도 쪽으로 사라졌다. 그 모습을 지켜보던 홍 대리는 갑자기 가슴이 갑갑해져 왔다.

'뭔가 분명히 잘못되어 가고 있는 것이 틀림없어. 내가 생각하던 미래전략실에서의 내 모습은 이런 게 아니야.'

그러나 그저 착하고 성실하고 좋은 게 좋은 거라며 남들에게 싫은 소리 안 하며 살고 싶은 자신이 뭘 어떻게 할 수 있겠는가? 홍 대리는 답답한 마음을 견딜 수가 없었다. 이럴 때 그의 마음을 이해하고 위로해줄 사람은 정말로밖에 없었다.

착하기만 해서는 성공할 수 없는 걸까?

"나 말이야, 그동안은 그저 착하고 성실하게만 살아가면 될 거라고 생각했어. 그런데 이제는 달라질 거야. 그래야만 할 것 같아."

홍 대리가 정말로에게 말했다.

"그동안 네가 너무 착하게만 살아온 거지. 착하게 산다는 것이 참 훌륭하고 좋긴 하지만, 착하게만 사는 사람이 성공하기에는 너무 힘든 세상이잖아. 그래서 전략적 접근이 필요해."

정말로가 대답했다.

"그럼, 성공을 위해서는 다른 사람에게 피해를 줘도 괜찮은 걸까?"

홍 대리가 물었다.

"그게 참······. 다른 사람에게 의도적으로 피해를 주면서 내 성공만을 추구한다면 분명히 나쁜 일이지만, 나의 성공이 의도하지 않게 다른 사람에게 피해를 입히는 일들은 분명히 있거든."

정말로는 고민스러운 얼굴로 말했다.

"사실 나도 때로는 그런 것 때문에 고민이 되곤 해. 경영전략을 경쟁전략이라고도 한다고 했잖아. 기업에서 경쟁이라는 것이 뭐냐? 바로 전쟁이라고. 한쪽이 이기면 다른 한쪽은 져야만 하는. 그 말은 한쪽이 성공하면 다른 한쪽은 실패한다는 뜻이야.

나는 동종업계의 여러 기업을 컨설팅하기도 하거든. 물론 동시에 여러 기업을 컨설팅하는 건 아니고 가능한 한 경쟁관계에 있는 기업들은 피하려고 하고, 또 한다고 해도 컨설팅 프로젝트의 모든 정보는 외부로 유출하지 않는 것이 원칙이지만 말이야.

어쨌건 컨설턴트로서 나는 최선을 다해서 성공하기 위한 전략을 일러줘. 하지만 경쟁관계에 있는 기업들을 컨설팅할 땐 한쪽이 성공하면 다른 한쪽은 실패하게 되는 거잖아. 그렇게 되면 한쪽에 준 나의 전략이 잘못된 것으로 판명이 되겠지."

듣고 보니 정말로도 나름의 고민이 있는 듯했다.

"세상 모든 이에게 아무런 피해도 주지 않고 착하게 살면서 성공하는 건 불가능할까?"

홍 대리와 정말로는 서로를 바라보았다.

"아마도 적어도 비즈니스 세계에서는 대체로 그런 것 같아."

정말로가 고개를 저었다.

"설마……. 정말 착하면서 성공한 기업은 없다는 말이야?"

홍 대리는 정말로의 말을 믿고 싶지 않았다.

"사회적 기업이나 기업의 사회적 책임에 대하여 많이들 이야기하지. 하지만 착한 기업 중에 아주 크게 성공한 기업은 거의 없다는 것이 참 슬픈 현실이야.

이 세상의 모든 어린이들이 웃을 수 있도록 가족들이 함께 모일 수 있는 장소와 기회를 제공하는 것이 모토인 회사 월트디즈니(Walt Disney)조차 어두운 면은 있을 정도니까 말이야.

1996년에 미국의 기업감시단체가 '10대 최악의 기업' 중 하나로 월트디즈니를 선정하기도 했지. 월트디즈니가 계약직 근로자들에게 최소한의 임금조차도 지불하지 않았다는 이유에서였어."

"뭐? 월트디즈니조차 그렇단 말이야?"

홍 대리는 반문했다.

"그렇다고 해서 반드시 악덕기업이라고 말할 수도 없어. 기업이 근로자들에게 더 많은 급여를 준다면 기업은 이익을 낼 수 없을 것이고, 그로 인해 손실이 악화되면 결국 기업이 생존할 수 없으니 기업전략 차원에서는 월트디즈니가 반드시 잘못했다고만 말할 수도 없는 거야.

기업이 구조조정이나 감원을 할 때도 마찬가지야. 기업이 생존하고 성장하기 위해서는 꼭 필요한 과정이었다고 해도 감원 대상이 되는 직원들에게는 너무나 괴로운 일이 될 수 있으니 좋고 나쁜 것을 분명히 가르기는 어려워.

예를 들어 A기업이 크게 성공해서 직원들이나 사업 파트너들에게 더 많은 급여와 더 좋은 혜택을 제공하고 사회적 책임도 다한다고 상상해봐. 그것조차도 시장의 다른 기업에게는 큰 피해를 입히는 것일 수 있지. A기업이 크게 성공한 덕분에 경쟁기업인 B기입은 설 자리를 점점 잃어갈 것이고, B기업의 실적이 악화될수록 B기업에서 일하는 직원들의 근무환경은 점점 더 나빠질 것이고, 그래서 결국 B기업이 문을 닫으면 사람들은 직장을 잃게 될 테니 말이야."

정말로도 생각이 많은 듯했다.

'정말 착한 기업이 크게 성공한 경우는 없는 걸까?'

홍 대리도 새삼스럽게 고민이 되었다.

"하지만 착하기만 해서 크게 성공한 기업이 없다고는 해도, 적어도 나쁜 기업들은 반드시 실패하잖아."

홍 대리는 착한 기업이 성공한다는 보장은 없어도 나쁜 기업은 절대 성공할 수 없다는 사실만이라도 믿고 싶었다.

"그래, 다행스럽게도 그건 네 말이 맞아. 적어도 나쁜 기업은 절대로 성공할 수가 없지. 절대로 성공할 수 없도록 우리 소비자들이 잘 감시하고 만들어가야겠지."

정말로가 말했다. 홍 대리가 그 말에 빙그레 미소를 지었다.

"그래. 착하고 성실하기만 해서는 성공하기 어렵다는 사실은 인정하겠지만, 적어도 다른 사람에게 피해를 주는 나쁜 사람은 결코 성공할 수 없다는 사실만이라도 지켜지는 걸 보고 싶어."

"너 혹시, 최강수 과장 말이냐?"

정말로가 의심스러운 눈초리로 물었다.

"아, 아냐. 어쨌건 나는 그래도 끝까지 착하면서 성공한 사람이 되어볼 거야. 그것이 아주 어려운 일이라 해도 말이지. 정말로, 네가 많이 도와줘!"

홍 대리가 말을 돌리며 그녀에게 환하게 웃었다.

기업의 사회적 책임은 어디까지일까?

기업의 궁극적인 목적이자 존재 이유는 이익을 창출하는 것이다. 하지만 기업의 책임은 비단 경제적 책임에 국한되지 않는다. 최근 기업 간 경영활동이 치열해지고 생산과 유통 과정에서 만나는 고객, 구성원, 공동체 들과의 관계(Relation)나 영향력(Impact) 등이 기업 이미지는 물론 기업의 성과에도 영향을 주면서 기업의 사회적 책임(CSR: Corporate Social Responsibility)의 중요성이 더욱더 증가하고 있다.

기업은 사회적 책임을 마케팅 활동과 연계하여 사회공헌활동이나 이미지 개선활동을 한다. 기업 브랜드의 자산을 극대화시키면서 동시에 구매를 촉진시키는 다양한 마케팅 전략에 활용하기도 하는 것이다.

기업의 책임에는 크게 4가지가 있는데 바로 경제적 책임, 법적 책임, 윤리적 책임, 자율적 책임이다.

- **경제적 책임**(Economic Responsibility)

기업의 경제적 책임은 말 그대로 기업이 재화와 서비스를 생산하거나 제공하거나 또는 고용의 원천이기도 한 경제적 측면에서의 기본적인 역할에 관한 부분이다.

- **법적 책임**(Legal Responsibility)

법적 책임은 경제적 책임을 수행하는 데 있어서 하나의 제약조건으로 작용하기도 한다. 이윤을 추구하되 법의 테두리 안에서 해야 한다는 것이다.

- **윤리적 책임**(Ethical Responsibility)

윤리적 책임이란 기업들이 사회에서 공통으로 받아들이는 규범에 따라 기업을 운영

해야 한다는 것이다. 사회 규범이란 '무엇이 옳고 무엇이 그른가?'를 결정지어주는 일반적인 믿음을 말한다. 경제적 책임이나 법적 책임과는 달리 윤리적 책임은 기업이 그 책임을 다하고 있는지 관리감독하거나 판단하기가 매우 어려운 경우가 많다.

- **자율적 책임**(Discretionary Responsibility)
자율적 책임이란 기업이 순수하게 자발적으로 떠맡는 책임을 말한다. 따라서 전적으로 기업의 선택에 달려 있는 것일 뿐 수행하지 않더라도 문제가 없다. 예를 들어 기업이 영업이익의 일부를 사회에 환원하거나 기부하거나 특정 사회단체에 후원하는 등의 활동을 말한다.

기업이 사회적 책임을 부담할 필요가 있는지에 대해서는 의견이 갈린다. 기업이 사회적 책임을 져야 하는지, 만약 져야 한다면 어느 정도 져야 하는지에 대한 정답은 없다. 그것은 기업이나 경영자, 사회문화마다 다른 관점을 가지고 있기 때문이다.
기업에게 사회적 책임을 강요하지 말아야 한다는 입장에서는, 기업은 경제적 주체(Economic Entity)이기 때문에 사회적인 책임이 아닌 경제적인 책임만 지면 된다고 한다. 반대로 기업의 사회적 책임을 옹호하는 쪽은 근본적으로 기업도 사회의 일원(Social Entity)이기 때문에 기업이 속한 사회에 대한 책임을 무시하거나 회피해서는 안 된다는 것이다.
최근에는 점점 기업의 사회적 책임이 중요해지고 소비자도 사회적 책임을 다하는 기업을 더 좋게 평가하는 편이다. 따라서 기업이 소비자에게 신뢰받고 사랑받아 성공하기 위해서는 사회적 책임을 다하는 전략을 세워야 할 것이다.

세상은 끊임없이 변화하고 전략은 진화한다

"철저한 부장님! 아니 철저한 본부장님, 잘 지내셨어요?"

오랜만에 철저한 본부장에게 연락이 오자 홍 대리는 너무나 고맙고 반갑기까지 했다.

"홍 대리, 갑작스럽게 연락했는데 반갑게 받아주니 고맙군."

철 본부장이 기쁘게 말했다.

"내가 일이 있어서 오랜만에 세별전자 근처에 왔는데, 혹시 시간되면 저녁이나 같이 할까 해서 말이야."

"아, 그러세요? 저도 오늘 오랜만에 바로 퇴근하려고 했는데, 정말 잘됐네요!"

홍 대리도 즐거운 마음으로 철저한 본부장과 약속을 잡았다.

회사 근처, 회사 사람들이 잘 찾지 않는 작은 포장마차에서 만난 두 사람은 소주 한 병을 시켜놓고 마주 앉았다.

"부장님, 아니 본부장님, 이게 얼마 만이에요? 하시는 일은 잘 되시죠?"

홍 대리는 반갑게 물었다. 철저한은 세별전자 마케팅팀을 떠나 플라스틱 제품을 만드는 작은 중소기업에 전략마케팅 본부장으로 자리를 잡고 있었다.

"그냥 그렇지 뭐."

철저한은 이야기를 하면서 주머니를 뒤지더니 담배와 라이터를 꺼냈다. 그는 담배를 한 개피 꺼내 물었다가 다시 담배갑 속에 집어넣었다. 철저한이 담배를 핀다는 사실을 홍 대리는 처음 알았다.

'내가 나의 상사인 철저한 본부장님에 대해서 너무 무관심했구나. 같이 식사하거나 따로 시간을 가진 적도 거의 없고.'

홍 대리는 과거 자신에 대해서 다시 한 번 반성했다.

만약 홍 대리가 철저한 본부장의 진심을 알 수 없었다면 지금 회사를 그만두고 나쁜 상사 때문에 회사를 그만둔 불쌍한 사람 행세를 하며 살아가고 있을지도 모른다. 하지만 감추어진 진실을 보고 나니 철저한 본부장은 결코 나쁘기만 한 상사도 아니었고, 부하직원으로서 제대로 일하지 못한 홍 대리의 책임도 매우 컸다는 것을 깨달았다.

"요즘 참, 간접흡연 때문에 담배 피우는 사람 다들 싫어하지? 게다가 식당에서는 이제 실외에서든 실내에서든 담배를 아예 피우지도 못하게 하고."

그러고 보니, 최근 건강이나 경제적인 문제 때문에 금연을 하는 사람이 늘어서 흡연자가 많이 줄어든 것은 분명한 사실 같았다.

"예전엔 말이야, 홍 대리는 잘 모르겠지만 회사 사무실 안에서도 담배를 피울 수 있었고 사무실 책상 위에 재떨이도 있었지. 청소 담당 여직원이 아침에 나와서 윗사람 재떨이 갈아주고 책상 닦아주는 풍경은 어느 사무실에나 있었어.

그러니 일 잘 못하는 직원한테 임원이 욕하면서 재떨이를 던졌다는 말이 나올 만했지. 요즘 직원들이야 상상도 못할 일이지만 말이야. 사무실에서 담배를 피우는 것도, 임원이 욕하면서 재떨이를 던지는 것도."

철저한 본부장은 오늘따라 왠지 쓸쓸해 보였다. 처음 보는 철저한 본부장의 모습에 홍 대리는 조금 당황스러웠다.

"사실 나는 금연에 관해 이야기하려는 건 아니야. 세상이 얼마나 빨리 변해가는지 이야기하고 싶은 거야.

벌써 오래전 일이지. 내가 신입사원으로 세별전자에 들어갔던 게 벌써 20년도 넘었으니까. 사실 그때는 나 같은 신입사원이야 담배를 피우고 싶어도 사무실 밖에 나와서 몰래 눈치 보면서 건물 뒤에서 숨어서 피우곤 했지. 과장이나 부장쯤 되어서 임원이 자리를 비웠을 때 사무실에 앉아서 담배를 피우는 것이 일종의 훈장 같은 느낌도 들었다니까.

그런데 지금은 불과 몇십 년 사이에 사무실에서 담배를 피우기는커녕, 길거리에서 담배를 피우는 것도 눈치를 봐야 하는 세상이 온 거야."

홍 대리에게는 호랑이 담배 피우던 시절처럼 오래전 이야기로 들리기도 하지만, 사실은 그리 오래된 옛날도 아니었다. 철 본부장은 소주 한 잔을 또 마시면서 말했다.

"그런데, 그렇게 세상이 변해가는 동안 나는 뭘 했을까? 나는 왜 그때나 지금이나 계속 담배를 피우고 있는 걸까?"

홍 대리는 얼른 안주 하나를 집어 철저한의 입에 넣어주었다.

"본부장님, 안주도 좀 같이 드세요."

철저한은 홍 대리의 손에서 안주를 받아 먹고는 하하 웃었다.

"홍 대리에게 이런 애교가 있는 줄은 정말 몰랐네. 그런데, 홍 대리는 아직도 여자친구 없어? 이제 장가갈 때도 됐지."

세상에 둘도 없는 원수 사이 같았던 악덕 상사와 무능력한 부하직원은 어느 새 오래된 친구처럼 다정하게 대화를 나누고 있었다.

"인연이 있으면 곧 만나겠죠, 헤헤."

홍 대리는 괜히 쑥스러워서 말을 돌렸다. 철저한은 담배와 라이터를 다시 주머니에 넣으면서 말했다.

"요즘 젊은 사람들 도대체 결혼할 생각들이 없어. 이러니 저출산 문제가 정말 심각하잖아. 결혼도 늦게 하거나 안 하고, 결혼을 하너라노 아이를 안 낳거나 늦게 하나만 낳고.

내가 어렸을 때만 해도 우리 동네에 10남매도 있었지. 이렇게 이야기하니까 내가 홍 대리보다 엄청 나이가 많은 것 같지만 말이야, 사실 우리 몇 살 차이 안 나잖아? 근데 실제로 내가 어릴 때만 해도 보통 형제자매가 3명 정도는 기본이었어. 자식을 하도 많이 낳으니까 우리나라에서 산아제한 정책도 쓴 거 아냐?"

평소 말이 없던 철저한은 오늘따라 조금 달라 보였다.

'원래 철저한 본부장님도 편한 사람에게는 말도 많고 따뜻한 사람이었나 봐.'

홍 대리는 마음속으로 생각했다.

"홍 대리, 이런 말 들어봤어? '아들딸 구별 말고 하나만 낳아 잘 기르자.' '잘 키운 딸 하나 열 아들 안 부럽다.' 이런 표어들? 아이 많이 낳지 말라고 노력했던 것이 불과 얼마 전의 일이라고. 그런데 이제는 젊은 사람들이 아이를 안 낳아서 고민이래.

뉴스를 보니까 말이야, 사람들이 아기를 안 낳으니까 산부인과도 많이 문을 닫고, 작은 도시에서는 병원이 없어서 큰 도시까지 가서 아이를 낳고 진료를 받아야 한다더군."

철저한은 그동안 할 말을 많이 참은 듯 홍 대리에게 봇짐처럼 이야기를 풀어놓았다.

"내가 세별전자를 떠나서 다른 회사로 막 입사했을 때만 해도 괜찮았어. 내가 옮긴 회사는 주방용품이나 욕실용품 같은 싸고 저렴한 생필품을 만드는 플라스틱 제조 회사였지. 홍 대리는 잘 모르겠지만, 자네가 브랜드를 알지 못하고 쓰는 욕실이나 주방 플라스틱 제품 중에 우리 회사 제품이 제법 많을걸!"

"네······."

철저한은 이야기를 계속했다.

"그래서 나는 좀 더 새로운 분야로 사업영역을 확장하자고 제안했지. 바로 아기용품이었어. 엄마들이 아기들을 위한 소비에는 돈을 아끼지 않잖아? 플라스틱 생필품 시장에서는 우리가 제법 잘하고 있으니 아기용품 시장은 비싼 값의 프리미엄 제품을 생산할 수도 있는 좋은 기회였지. 홍 대리는 아직 총각이라 잘 모르겠지만 말이야, 갓난아기는 매일 목욕시켜야 하거든. 그래서 우리는 프리미엄 아기 욕조를 출시했어.

사실 뭐 별 건 없었어. 그저 아기들이 쉽게 빠지지 않도록 아기 엉덩이를 놓는 부분이랑 머리를 받쳐주는 부분을 만들고, 또 아기를 씻기는 비누랑 수건 같은 걸 올려놓을 수 있는 자리도 만들고.

그런데 재미있는 건 그런 작은 변화를 줬더니 우리 제품이 아기 욕조 제품 중에서 가장 프리미엄급이 되어서 비싼 값을 받고도 잘 팔렸지. 시장점유율도 쑥쑥 올라가고 말이야! 작은 아이디어가 혁신적인 제품을 만들더라고!"

철저한은 과거를 회상하는 듯한 표정으로 소주를 또 한 잔 들이켰다.

"그런데 말이야, 시장점유율이 올라가면 뭐해? 우리 회사의 프리미엄 아기 욕조가 잘 팔리니 경쟁사들은 너도나도 비슷한 제품을 내어놓고, 거기다가 저출산의 영향으로 시장 자체가 정신없이 쪼그라들더라고. 관련 업체들이 하나둘씩 문을 닫기 시작하면서 우리 제품 시장점유율이 70퍼센트까지 올라갔어. 이 정도 되면 거의 독점이랑 비슷한 수준이지. 그런데 시장점유율이 높으면 뭐해? 시장이 없어지는데."

서서히 취하는 듯 철저한은 같은 말을 반복했다.

"결국 우리 회사도 더 이상 공장을 운영하기가 힘들어졌어. 몇 달간 월급이 안 나왔지.

전략마케팅 본부장으로서 나는 최선을 다했어. 작은 아이디어로 새로운 상품을 출시하고 그걸로 시장점유율을 70퍼센트까지 올렸으니 대단한 거 아냐? 우리 회사에서 나의 역할은 성공한 거지. 그런데 시장점유율이 높으면 뭐하냐구, 시장이 없어지는데!"

철저한이 또 같은 소리를 반복하자 홍 대리는 슬슬 걱정이 되기 시작했다. 어느 새 소주 한 병이 다 비워지고 테이블 위에는 새로운 소주병이 와 있었다.

"그래서 임원인 내가 먼저 사표를 내고 나온 거야. 일하고도 월급 못 받는 직원들도 불쌍하지만, 돈 못 벌어서 직원 월급도 못 주는 사장도 불쌍한 거야. 우리 사장은 좀 더 같이 버텨보자고, 새로운 길을 찾아서 다 같이 해보자고 붙잡았지만 내가 보기엔 이미 희망이 없었어. 나도 하루 빨리 내 갈 길을 찾아야 했고 회사 입장에서도 월급 제일 많이 받아가는 직원 하나 덜어내는 게 좋고."

철저하고 냉정하기만 한 줄 알았던 철저한 본부장이 사실은 홍 대리를 성장시키고 승진시키기 위해서 더 모질게 굴었다는 것을 깨달은 이후부터 홍 대리는 그가 좋은 사람으로 살고자 얼마나 노력했는지 알 수 있었다. 아무리 그렇다고 해도 새로운 회사에서도 회사와 직원 걱정하느라 자신이 먼저 사표를 내고 나오다니, 이건 착하다 못해 너무 바보 같은 거 아닌가?

"근데, 우리 큰 놈이 이번에 대학 들어가고 작은 놈이 고등학교 올라가니 나는 아직 한참은 더 벌어야 해."

홍 대리의 마음 한 켠이 무거워졌다.

"홍 대리, 진짜 웃기는 건 뭔지 알아? 내가 말이야, 저출산 고령화가 급속히 진행된다는 건 이미 예전부터 다 알고 있었다는 거지. 이런 변화가 어느 날 하루 아침에 시작된 건 아니잖아.

그런데 내가 아무리 생각해봐도 그걸 막을 방법이 없더라 이 거야. 그러한 변화가 어느새 내 삶, 내 가족의 삶까지 영향을 미칠 정도가 되어버렸는데도."

홍 대리가 철저한을 위로할 말을 찾다가 대답했다.

"그건 본부장님이 아니라 그 어떤 사람도 막을 수 없는 거예요."

그러자 철저한의 눈빛이 순간 달라졌다.

"홍 대리, 정말 그럴까? 정말 내가 막을 수 있는 방법이 없는 걸까? 그래, 그럴지도 모르지. 하지만 그 변화를 알았을 때 그에 대응하는 방법을 더 찾아봤으면 조금은 변화에 잘 대처할 수 있지 않았을까?"

홍 대리는 질문에 대답할 말을 찾지 못한 채 멍하니 철저한을 바라보았다.

철저한이 소주를 한 잔 들이켜고 이야기를 계속했다.

"그래서 말이야, 내가 얼마 전에 회사를 그만두고 우리 동네에 작은 치킨 가게를 하나 차렸지. 치킨이야 한국 사람들이 늘 먹는 거잖아. 나도 좋아하고 우리 아들놈들도 좋아하고. 우리 집에서는 일주일에 몇 마리씩 닭을 시켜먹곤 했거든. 우리 아들놈들은 한창 클 때라 그런지 '1인 1닭'이라며 각자 한 마리씩을 시켜

먹더라니까. 그리고 뭐라더라? '오늘 먹을 치킨을 내일로 미루지 말자'면서 뻔질나게 시켜 먹더라고. 그래서 치킨 가게를 차린 거지."

이제는 즐거운 이야기가 나오겠구나 생각하며 홍 대리는 훈훈한 맞대응을 했다.

"아, 이제 본부장님이 아니라 사장님이라고 불러야겠네요. 저도 치킨 엄청 좋아해요. 그런 줄 알았으면 사장님 가게에서 치킨 먹으면서 맥주나 한잔할 걸 그랬네요."

그 말을 들은 철저한이 웃었다.

"아니지, 내 입장에서 마누라가 튀겨주는 치킨에 맥주 마시면 술맛이 나겠어? 내가 원래도 소주를 좋아하고 맥주를 싫어했지만, 치킨 가게를 차리고 나서는 치킨에 맥주 먹는 건 정말 싫더라니까."

그러고 보니 자신의 가게에서 먹는 것이 오히려 철저한 입장에서는 더 불편할 것 같기도 했다.

"그런데, 홍 대리. 고 조그마한 우리 동네에 치킨 가게가 몇 개인지 알아? 치킨 가게 사장들은 다른 치킨 가게가 망해서 나가기만을 기다린다고. 나만 치킨 가게를 열고 싶었을까? 내가 치킨 가게를 열었던 건 그만한 이유가 있었지. 그러면 나만 이렇게 생각할까? 은퇴한 사람들 누구나 생각하는 아이템이 치킨 가게라고."

'휴, 정말 쉬운 게 없구나.'

홍 대리는 자기도 모르게 마음속으로 한숨을 내쉬었다. 철저한은 이야기를 계속했다.

"그러다가 조류독감이라도 한 번 돌면 문 닫는 가게가 부지기수지. 그러다가 조류독감이 시들해지면 언제 문을 열었는지도 모르는 새 치킨 가게들이 동네에 마구 생겨나고. 열심히 하면 뭐 하냐? 이미 시장이 새빨간 '레드오션'인데!"

세별전자를 떠난 지 채 1년도 안 되는 시간 동안 많이 힘들었는지 철저한도 성격이 많이 바뀐 듯했다.

'환경의 중요성!'

철저한이 아직 끊지 못하는 담배 이야기부터 시작해서 저출산 문제로 인한 회사의 어려움, 그리고 회사를 그만두고 치킨 가게를 차리기까지 모든 변화의 핵심에는 외부환경 변화가 있었다.

'환경의 변화는 자신도 모르는 사이에 결국 기업뿐만 아니라 한 나라 또는 한 사회의 모든 개인에게도 큰 영향을 미치는구나.'

홍 대리는 문득 보이지 않은 곳에서 빠르게 변해가는 세상이 무섭게 느껴졌다.

"하지만, 철저한 사장님. 환경의 변화가 꼭 나쁘지만은 않을 거 같아요. 저는 아직 세상을 잘 모르지만, 세상에 나쁘기만 하거나 좋기만 한 것이 있을까요?

저출산, 노령화가 심각한 문제가 되고 있지만 동시에 새로운 트렌드도 분명 생길 거예요. 예를 들어 가족구성원 수가 줄어 핵가족화가 되면 아기 욕조처럼 안 팔리는 상품도 있고 죽어가는 시장도 있겠지요. 하지만 반대로 생각하면 1인 가구가 늘어나고 홀로 사는 노인이 증가하면 그 변화에 맞춰서 더 잘 팔리는 상품과 성장하는 시장도 있겠죠. 그곳이 바로 우리가 바라는 '블루오션'일 거구요!"

홍 대리는 철지한의 손을 꼭 잡았다.

블루오션 전략 vs. 레드오션 전략

블루오션(Blue Ocean)은 김위찬, 르네 마보안의 『블루오션 전략』에서 나온 말로, 현재 존재하지 않거나 알려지지 않아 경쟁자가 없는 유망한 시장을 뜻한다.

김위찬과 르네 마보안은 10년에 걸쳐 108개 기업을 연구한 결과, 새로 출시된 상품의 86퍼센트가 기존 상품 계열을 확장한 레드오션(Red Ocean) 상품이었고 나머지 14퍼센트만이 새로운 블루오션 상품이라는 사실을 밝혔다. 그런데 이 14퍼센트의 블루오션 상품이 전체 매출의 38퍼센트, 전체 이익의 61퍼센트를 차지하고 있다고 주장하며 블루오션 전략이 오늘날의 사회에서 매우 중요함을 강조했다.

블루오션 전략에 의하면 기업들은 발상의 전환을 통해 산업혁명 이래로 끊임없이 거듭해온 경쟁의 원리에서 벗어나야 한다. 대신 고객에게 차별화된 매력 있는 상품과 서비스를 제공하여 누구와도 경쟁하지 않는 자신만의 독특한 시장을 만들어야 한다는 것이다.

레드오션 전략	블루오션 전략
기존 시장 공간 안에서 경쟁	경쟁자 없는 새로운 시장 공간 창출
경쟁에서 이겨야 한다	경쟁을 무의미하게 만든다
기존 수요시장 공략	새로운 수요창출 및 장악
가치와 비용 가운데 택일	가치와 비용 동시 추구
차별화나 저비용 가운데 하나를 택해 회사 전체 활동 체계를 정렬	차별화와 저비용을 동시에 추구하도록 회사 전체 활동 체계를 정렬

블루오션은 물고기가 많이 잡히는 넓고 깊고 푸른 바다를 말한다. 즉 누구의 손도 미치지 않은 미지의 세계, 새로운 시장을 블루오션이라고 표현한 것이다. 블루오션에서는 시장 수요가 경쟁이 아닌 창조에 의해서 이루어지며, 이곳에는 높은 수익과 빠른 성장을 가능하게 하는 엄청난 기회가 존재한다.

블루오션 시장은 경기의 법칙이 아직 정해지지 않은 상태이기 때문에 경쟁은 무의미하다. 아직 시도된 적이 없는 광범위하고 깊은 잠재력을 지닌 시장인 것이다.

블루오션 전략은 많은 기업들이 발상의 전환을 하는 데 큰 영향을 끼쳤다. 기업들은 이미 잘 알려져 있어 경쟁이 매우 치열한 시장(Bloody Market), 즉 혈투가 벌어지고 있는 레드오션에서 벗어나야 한다는 것을 깨닫고 노력하기 시작했다.

경쟁 환경을
정확하게 읽고 분석하라

"오, 대단한데! 내가 이야기하기도 전에 환경의 변화가 얼마나 중요한지를 깨닫다니!"

정말로는 홍 대리가 환경의 변화에 대한 이야기를 꺼내자 감탄하며 말했다.

"그런데 오늘 메뉴는 삼겹살로 정한 거냐?"

"가장 일반적인 한국 직장인의 회식 메뉴잖아. 괜찮지 않냐?"

"그래, 나쁘지 않아. 하지만 메뉴가 이런 탓으로 술도 한잔해야겠지?"

정말로는 맥주 한 병과 소주 한 병을 같이 주문했다. 그녀는 맥주컵에 맥주 반 잔을 부은 다음 소주 반 잔을 넣더니 숟가락으로 탁 쳐서 회오리를 일으켰다. 홍 대리는 그 모습을 보고 놀라서 입이 딱 벌어졌다.

"너, 미국에서 대학 나온 전략 컨설턴트 맞아? 어떻게 폭탄주를 한국 아저씨처럼 만드냐?"

"그래? 이것도 다 내가 살아가는 전략 중 하나다. 미국에서 온 전략 컨설턴트면 뭐하냐? 우리 고객이 다 한국 아저씨들인데. 그들하고 맞추려면 나라고 어쩔 수 있겠어?"

"너도 환경의 변화에 맞춰서 너를 바꿔가는 거구나."

홍 대리의 말에 정말로가 깔깔깔 웃었다.

"그렇지! 만약에 내가 미국에서 이렇게 폭탄주 만들면 나를 이상한 여자로 볼 거니까. 내가 한국에서 제일 이해 안 되는 것 중의 하나가 바로 원샷하고 러브샷이었어. 미국에서 원샷과 러브샷을 강요했다가는 성희롱으로 법적인 처벌도 받을 수 있는데."

"알았다고요. 절대로 저는 원샷과 러브샷을 강요하지 않을 테니 걱정 마세요. 요즘엔 우리나라도 술 마시기를 강요하지 않는 분위기로 변하고 있거든요!"

홍 대리도 따라 웃으면서 농담처럼 말했다.

"여기는 한국이니까 괜찮아. 우리 그런 의미에서 원샷!"

즐겁게 한 잔을 비운 홍 대리는 철저한과 만났던 날 이야기를 꺼냈다. 정말로는 진지한 표정으로 말했다.

"근데 지금까지 네가 이야기한 건 다 외부환경이고 거시환경이야. 기업이 전략을 수립하기 위해 환경을 분석할 때는 크게 외부환경과 내부환경으로 나누지. 외부환경은 말 그대로 기업 외부의 환경이고 내부환경은 말 그대로 기업 내부의 환경이야.

외부환경은 거시환경과 미시환경으로 나뉘어. 거시환경은 기업의 단기적 활동에 직접적인 영향이 미치지는 않지만 장기적인 영향이 미치는 것을 말하고, 미시환경은 기업활동과 의사결정에 직접적으로 영향을 끼치는 외부환경을 말하는 거야."

"나도 그 정도는 알아. 내가 이래 봬도 글로벌 세별전자 마케팅팀 출신이라고! 마케팅에서도 환경분석은 매우 중요하니까!"

홍 대리가 으스대면서 말하자 정말로가 씨익 웃었다.

"너 자신감도 많이 생기고 밝아졌다?"

그러고 보니 처음 정말로를 만났을 때와 비교하면 많이 좋아진 것 같긴 했다. 자신을 미워하는 줄만 알았던 철저한 부장의 진심도 알게 되었고, 꿈꾸던 미래전략실로 자리도 옮겼다. 물론 최강수라는 새로운 적도 나타나긴 했지만. 무엇보다도 정말로와 함께하면서 홍 대리는 점점 더 밝아지는 자신을 새삼 느꼈다.

"그런데 전략에서 환경분석을 하는 이유와 마케팅에서 환경분석을 하는 이유는 조금 달라."

"이유가 다르다고?"

"응, 마케팅에서는 기회를 찾기 위해서 환경분석을 하지만 전략에서는 전략의 근거를 찾기 위해서 환경분석을 한다고 할까?"

"근거를 찾기 위해서?"

홍 대리는 잘 이해가 되지 않았다.

"전략을 구체적으로 기획하는 과정에서 중요한 것은 현실을 제대로 파악하여 근거 없는 낙관주의나 당면한 문제를 외면하는 안이한 태도를 피하고 의사결정을 해야 한다는 거야. 이때 필요한 것이 바로 환경분석이지. 어떻게 보면, 마케팅에서는 외부환경분석이 더 중요하다고 볼 수 있어. 거기에 시장이 있고 기회가 있으니까. 허지민 전략에서는 내부환경분석도 매우 중요해."

홍 대리는 마케팅전략과 사업전략의 미묘하지만 다른 부분들을 조금씩 이해할 수 있었다.

"'3C분석'에 대해서는 잘 알고 있지?"

"당연하지! 3C분석은 고객(Customer), 경쟁사(Competitor), 자사(Company)를 분석한다는 거잖아!"

"빙고!"

정말로는 홍 대리를 향해 웃으면서 말했다.

"그런데 전략을 기획할 때는 단순히 환경분석 과정을 흉내 내는 것만으로는 의미가 없어. 기업의 장기적인 경영계획을 보면 거시환경분석이나 3C분석을 하면서도 개별적인 실행과 연동하지 않는 경우가 많거든.

예를 들어서 국제화나 정보화, 실버시장의 확대 등과 같은 미래의 환경변화는 언급하면서도 정작 그것이 어떻게 자사에 영향을 미칠 것인지, 혹은 그에 대응하여 어떤 대응책을 가져야 하는지는 빠져 있는 경우가 많아. 제대로 된 분석을 하려면, 자사의 행동과 관련된 가설을 세우고 그것을 검증하는 과정을 거쳐야 해. 그 과정이 참 어렵지."

"그렇구나."

홍 대리가 고개를 끄덕이면서 말했다.

"그런 의미에서, 건강을 중시하는 웰빙을 점점 더 추구하고 위스키를 비롯해서 주류의 소비가 점점 감소해가는 환경의 변화에 맞춰서 우리는 어떤 전략적 변화를 가져야 되겠냐?"

정말로가 홍 대리를 바라보면서 물었다.

"글쎄, 앞으로는 너를 만날 때 건강에 좋으면서도 맛있는 맛집을 선정해야 할 것 같은데? 그리고 이제 주류는 그 메뉴에서 빠져야겠지……?"

홍 대리가 대답했다.

"그래? 그런 의미에서 오늘은 원샷! 그리고 기왕이면 처음이자 마지막으로 러브샷 한 번? 우리를 둘러싼 미시환경도 조금씩 변화하는 것 같지 않니?"

정말로가 환하게 웃었다. 홍 대리는 술기운이 돌아서 그런지 괜히 얼굴이 빨개졌다.

전략의 기초 단계에선 먼저, 외부환경분석

기업이 전략을 수립할 때 가장 기본 단계에서 외부환경을 분석한다. 외부환경은 기업에서 통제할 수 없는 외부의 힘이다. 기업은 자신을 둘러싼 외부환경을 분석함으로써 외부로부터 주어지는 기회나 위협을 이해하고, 그 결과로 기회는 성장의 발판으로 삼고 위협은 대비하기 위한 전략을 세우게 된다.

거시환경을 분석하는 프레임으로 주로 'PEST 분석'이 사용된다. 'PEST'란 정치(Politics), 경제(Economy), 사회(Society), 기술(Technology)의 약자인데, 기업이 직접적으로 통제할 수는 없지만 기업활동에 큰 영향을 주는 요소의 동향을 분석하는 것이다. 이러한 거시적 환경요인을 좀 더 자세히 설명하자면 다음과 같다.

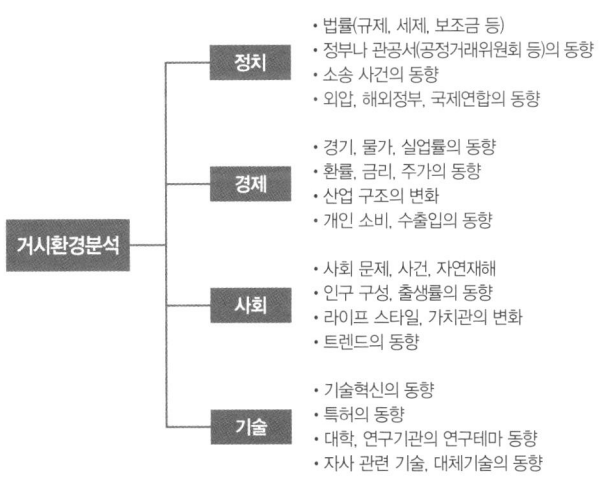

- **정치적 요인**

국가에서 시행하는 각종 규제와 제도적 영향을 말한다. 정부의 제도적 개입은 기업에게는 새로운 위협이나 기회를 가져다준다. 예를 들면 정부가 부동산을 규제하는 정책을 쓰면 건설업계의 불황으로 이어지거나 심하면 경제침체기에 건설업자의 부도를 야기하기도 한다. 또 다른 예로, 1990년대 말에 벤처특별법이 제정되면서 기술을 기반으로 한 벤처기업들이 우후죽순 생겨났고 이는 기술집약적 벤처산업의 급속한 발전으로 이어지기도 했다.

- **경제적 요인**

경제적인 환경요인으로는 경제성장, 이자율, 환율, 인플레이션, 실업률 등이 있다. 심각한 경제 위기 사태가 오면 소비자들은 고가의 위스키보다는 저가의 소주를 더 찾는다. 실제로 IMF금융위기가 터졌을 때 소주 회사들은 광고홍보를 통해 서민들과의 친근감을 무기로 삼았고, 저가의 소주는 '국민 술'로 자리 잡게 되었으며, 이는 소주 산업의 성장으로 이어졌다.

- **사회적 요인**

사회적 환경은 사회구성원들의 가치, 이념, 태도 등에 영향을 미치는 문화적, 사회심리적, 종교적인 환경의 변화를 의미한다. 우리 문화가 서구화되면서 외식문화도 크게 변화하여 패밀리레스토랑이나 패스트푸드점이 성장한 것을 예로 들 수 있다.

- **기술적 요인**

기술의 변화는 현대 기업들의 경영환경에 매우 중요하게 작용하고 있다. 기술이 발달함에 따라 기존 제품들의 수명이 짧아진다. 요즘엔 1년에도 수차례씩 모바일폰 신제품이 쏟아지고 있는 상황이다. 이러한 기술의 급격한 변화는 시장경쟁에 중요한 영향을 미치기 때문에 기업이 전략을 수립할 때 가장 중요하게 고려해야 할 사항이 되었다.

- **국제적 요인**

위 4가지 요인 이외에 국제적 요인을 들 수 있다. 최근에는 국제화와 더불어 많은 환경의 변화가 일어나고 있다. 이러한 국제화는 더 넓은 시장이라는 기회를 주기도 하지만, 더 많은 경쟁자의 등장이라는 위협을 주기도 한다.

누가 나의
진정한 경쟁자일까?

"3C분석 중에서 제일 어려운 게 뭐라고 생각해?"

정말로가 홍 대리에게 물었다.

"글쎄. 나는 고객, 경쟁자, 자사 분석 셋 다 어려운 것 같지만, 그중에서도 고객의 진심을 파악하는 게 제일 어려운 것 같아."

홍 대리가 대답했다. 역시 마케팅 부서 출신다운 대답이었다.

"그럴 수도 있겠네. 그럼 지금 너의 고객은 누구니?"

정말로가 물었다. 홍 대리는 잠시 생각을 해보았다. 정말로는 똑같은 질문을 예전에도 했었다. 홍 대리는 그때의 기억을 떠올리며 현재 상황에서 자신의 진정한 고객이 누구인지 생각해보았다.

"음, 참 어려운 질문인데 말이야……. 현재 나의 고객은 우리 부서에서는 팀장님이신 어중간 부장님, 그리고 같이 업무를 해야 하는 내부 다른 부서 직원들이 되겠지. 그리고 지금 당장은 내 앞에 있는 바로 너!"

홍 대리의 대답에 정말로가 까르르 웃었다.

"그래, 나까지 포함해줘서 매우 고맙다."

그러고는 계속해서 질문했다.

"그럼 너의 경쟁자는?"

"음, 내가 회사에서 인정을 받고 과장이 되기 위해서는 과장 승진 대상자가 될 사람들이 아닐까?"

"그럴 수도 있겠지. 그런데 정말 그 사람들이 너의 진정한 경쟁자일까? 그 이야기는 알고 있지, '닌텐도의 경쟁자는 나이키다'라는 말?"

"당연하지, 내가 그것도 모를까 봐? 모바일 게임기로 유명한 닌텐도 입장에서는 나이키 운동화를 신고 야외활동을 하는 사람을 집에서 게임하도록 만들어야 했고, 나이키 입장에서도 닌텐도 게임기가 팔릴수록 야외활동이 줄어들어 운동화 판매가 주춤하니 이 둘이 진정한 경쟁자라 할 수 있다는 이야기잖아?"

"맞아. 그래서 진정한 경쟁자가 누구인지 정의하는 것은 전략을 세우는 데 매우 중요해. 내 이야기 한번 들어봐."

정말로는 이야기를 계속했다.

"두 친구가 산을 가고 있는데 갑자기 커다란 곰 한 마리가 나타난 거야. 한 친구는 정신없이 뛰기 시작했고 다른 친구는 뛰기에 앞서서 운동화 끈을 고쳐 매고 있었다고 해. 그래서 앞서 달리던 친구가 물었지.

'자네, 빨리 뛰지 않고 뭐하고 있나?'

그러자 그 친구가 대답했어.

'나는 곰보다 더 빠를 필요는 없어. 자네보다 딱 한 발짝만 앞서면 된다네.'

이 상황에서 경쟁자는 곰이 아니야. 바로 같이 달리는 친구가 진정한 경쟁자가 되는 거지."

"그렇구나."

홍 대리는 고개를 끄덕이면서 생각해보았다.

'나의 진정한 경쟁자는 누구일까? 내가 과장으로 승진하기 위해서는 다른 부서의 승진 대상자를 경쟁상대로 삼아 이겨야 할 것이 아니라, 나를 번번히 방해하는 최강수 과장이 어쩌면 진정한 경쟁자가 아닐까?'

홍 대리가 그런 생각을 하는 사이 정말로가 말을 계속했다.

"지속적인 경쟁우위를 유지하기 위해서는 경쟁자들이 모방할 수 없거나 모방한다고 해도 쉽지 않은 것을 가지고 있어야 해."

'만약 최강수 과장이 진정한 나의 경쟁자라면 최 과장이 따라 할 수 없거나 따라 하기 힘든 경쟁우위가 뭐가 있을까?'

홍 대리는 자신의 경쟁우위에 대해 생각해보았다.

"그러니까 지속적인 경쟁우위를 점하기 위해서는 진정한 경쟁자가 누구인지를 알고 자기 자신에 대해서도 잘 알아야 하는 것이지."

"적을 알고 나를 알면 백전백승이라는 말과도 통하는 거구나?"

'그런데 나는 나의 진정한 경쟁자인 최강수 과장에 대해서 과연 얼마나 알고 있을까?'

그렇게 생각하고 보니 막상 자신이 최강수 과장에 대해 알고 있는 게 거의 없었다. 입사동기로 가까이 지내면서 함께 밥도 먹고 술도 마시면서 친하게 지냈지만 속 깊은 이야기를 나누어 본 적은 없었다.

'내가 나 혼자만 힘들다고 생각하면서 주변에는 너무 무심하게 살아왔나 봐.'

철저한 부장을 오해한 것도 그렇고, 스스로 피해의식에 사로잡혀서 다른 사람의 진심을 보려는 여유조차 없었던 것 같았다.

정말로가 그때 한숨을 쉬며 말했다.

"그런데 나는 3C 중에 자사 분석이 제일 어려운 것 같아."

홍 대리는 그런 정말로의 말이 이해가 되지 않았다.

"자사 분석이 제일 어렵다고? 자사 분석 정보는 기업 내부에 이미 다 있는 거잖아."

"나는 항상 가장 잘 알고 있다고 생각하고 가장 잘 알고 있어야 할 회사 내부 분석이 제일 불분명하고 어려운 것 같아. 기업 내부 환경은 가장 정확하게 알고 있어야 할 부분인데 그렇지 못한 경우들이 정말 많거든.

그런 것 있잖아. 예를 들면, 우리 회사의 중요한 정보는 꼭 신문을 보고 알게 되거나 남한테 듣게 되는 상황 말이야. 컨설팅 프로젝트를 할 때도 그래. 기업에서 컨설팅을 의뢰했으니 성공적인 컨설팅 결과를 위해서 기업 내부 정보를 잘 줄 것 같지?

그런데 천만의 말씀, 오히려 더 꼭꼭 감추고 안 주는 경우도 있어. 혹시 자기가 준 정보 때문에 자기 부서에 피해가 발생할까 봐 무서워하는 경우도 있고. 심지어 어떨 땐 컨설턴트를 점쟁이 취급한다는 느낌도 든다니까? '자, 우리 회사에 어떤 문제가 있는지, 우리가 뭘 원하는지 알아 맞춰보세요!' 하는 것처럼 말이야."

전략 컨설턴트를 점쟁이 취급하다니? 아무리 높은 경영자도 학생으로 보고 선생님처럼 가르치기만 할 것 같던 컨설턴트가 점쟁이 취급을 받기도 한다는 이야기를 들으니 갑을 관계는 언제든 변화할 수 있다는 생각이 들었다. 정말로는 이야기를 계속 이었다.

"사실, 그런 재수 없는 사람 중에 한 명이 최강수 과장이었어. 프로젝트를 위해서 처음 미팅을 하던 날, 최 과장 말투가 '맥스턴 컨설팅 그룹의 대단한 컨설턴트님께서 그것도 모르세요? 네가 직접 알아 맞춰보세요' 하는 분위기였어."

정말로가 진지한 표정으로 말했다. 최강수가 당시에 어떻게 말했을지 홍 대리 머릿속에도 훤하게 그려졌다.

'최강수 과장은 자신이 어떤 모습으로 다른 사람들에게 인식되는지 정확히 알고 있을까?'

홍 대리가 말했다.

"네 말을 듣고 보니 인생도 마찬가지인 것 같아. 내가 몸담고 있는 회사 내부 환경을 알기 어려운 것처럼 진정한 자기 자신의 모습을 알기도 어렵잖아. 진정으로 자신이 원하는 것을 알아내는 것이 평생 가장 어려운 숙제일 수도 있고."

정말로가 고개를 끄덕였다.

"맞아. 자신을 객관적으로 바라보는 것이 가장 어려운 일 아닐까?"

'자신을 객관적으로 바라보는 것? 다른 사람이 바라보는 내 모습은 어떨까?'

홍 대리 자신이 생각하는 내 모습과 남들이 생각하는 모습은 얼마나 비슷할까? 또 얼마나 다를까? 홍 대리는 문득 자신의 모습을 객관적으로 바라본다는 것이 불가능하게만 느껴졌다.

"어쩌면 자신을 객관적으로 바라본다는 것 자체가 말이 안 되고 불가능한 이야기인지도 모르지. 내 눈이 나에게 달려 있는

데 어떻게 나를 객관적으로 보겠어? 거울 속에 보이는 내 모습은 진정한 내 모습이 아니고 사실은 왼쪽 오른쪽이 뒤바뀐 가짜 모습인데 말이야.

그러니 네가 보는 내 모습이 내가 생각하는 내 모습보다 더 사실에 가까운 정답일 수도 있는 것이지."

홍 대리의 말을 가만히 듣고 있던 정말로가 홍 대리를 바라보았다. 홍 대리도 그런 정말로를 바라보았다. 전략 이야기를 하다가 갑자기 철학적인 이야기를 이끌어내는 저 여자의 정체는 도대체 뭐란 말인가?

'정말로가 바라보는 나는 어떤 모습일까? 10년 전 고등학생이었을 때의 홍인범과 지금의 나 홍인범은 여전히 같은 모습으로 보일까? 다른 사람이 보는 나의 진정한 모습은 무엇이며, 내가 진정으로 원하는 내 모습은 무엇일까?'

홍 대리는 생각에 잠긴 채 정말로의 눈에 비친 자신의 모습을 들여다보았다.

지속적인 경쟁우위는 존재하는가

한 기업이 현재의 경쟁자는 물론 잠재적 경쟁자까지 포함한 모든 경쟁자들이 하지 못하는 가치 창조적인 전략을 수행할 때, 그 기업은 '지속적인 경쟁우위가 있다'고 할 수 있다. 지속적인 경쟁우위는 단기간의 승리로 끝나는 것이 아닌, 오랜 시간 동안 다른 경쟁자에 비해 평균 이상의 수익을 누릴 수 있도록 해주는 우위를 말한다.

오랫동안 지속적으로 경쟁우위를 누리려면 다른 경쟁자들이 결코 모방할 수 없어야 한다. 설사 모방 가능하다고 하더라도 오랜 시간이 걸리거나 쉽게 모방할 수 없다는 의미다.

물론 현실적으로 영원한 경쟁우위는 있을 수 없다. 한때 경쟁우위였던 것이 환경적 변화나 시간의 변화에 의하여 경쟁과는 무관한 요소로 바뀔 수도 있다. 또 현재 경쟁우위가 있다고 해도 경쟁자에게 포착되는 순간부터 경쟁자의 모방 노력은 시작된다. 혹은 모방하지 않더라도 그 경쟁우위를 무력화시키는 방법을 찾거나, 이제까지와는 다른 새로운 방법으로 시장에 진입하려는 경쟁자도 생긴다.

그래서 요즘 같은 초경쟁시대에 지속적인 경쟁우위를 목표로 기업을 운영하는 것은 위험한 발상이라는 의견도 있다. 모든 경쟁우위는 궁극적으로 모방당하거나 우회할 수밖에 없다는 것이 역사적 교훈인데다 그 시기 또한 점점 더 짧아지고 있기 때문이다.

따라서 현재 경쟁우위를 점하고 있다고 해서 영원히 지속되리라는 꿈은 버려야 한다. 경쟁우위를 유지하는 데만 집중할 것이 아니라 계속해서 자신을 창조적으로 변화시켜 나가야 한다는 것이다.

• **포터의 본원적 경쟁전략**

전략에 관한 이야기를 하면서 마이클 포터(Michael Porter)의 이름을 언급하지 않기는 힘들다. 세계적으로 가장 유명한 전략학자이자 '현대 전략의 아버지'라고도 불리는 마이클 포터의 업적 중에 가장 중요한 것은 다른 이들의 연구 성과를 이해하기 쉬운 형태로 최초로 요약한 데 있다. 그는 경쟁우위를 얻기 위한 '비용우위전략(Cost Leadership Strategy)', '차별화전략(Differentiation Strategy)', '집중전략(Focus Strategy)' 3가지 전략을 제시하였다. 이것이 바로 '포터의 본원적 경쟁전략'이다.

비용우위전략은 경쟁회사보다 낮은 비용을 실현하는 것이 골자다. 단지 최저 비용을 이룬다고 간단하게 실현되지는 않는다. 보다 낮은 비용을 필요로 하는 새로운 경쟁자가 나타나면 쉽게 시장점유율을 잃기 때문이다. 따라서 경쟁자가 따라오지 못하도록

경쟁 영역	경쟁우위	
	저비용	차별화
넓은 영역	비용우위전략 (Cost Leadership)	차별화전략 (Differentiation)
좁은 영역	비용집중 (Cost Focus)	차별화집중 (Differentiation Focus)

지속적인 노력이 필요하다.

차별화전략은 경쟁회사와 차별화된 상품을 제공하여 고객의 충성도를 높여 안정적인 시장을 확보하고 수익성을 높이는 전략이다. 이 전략 역시 경쟁회사가 자신들의 차별성을 모방할 수 없도록 끊임없는 노력이 필요하다. 또한 차별성이 낮아지면 비용우위전략을 사용하는 경쟁회사에 비해 경쟁력이 낮아질 수 있기 때문에 주의해야 한다.

집중전략은 특정 집단, 주로 틈새시장에 집중해서 경쟁력을 얻는 전략이다. 집중전략은 다시 '비용집중전략'과 '차별화집중전략'으로 나뉜다. 두 전략은 각각 앞서 살펴본 비용우위전략과 차별화전략을 특정 집단에 집중하여 적용하는 것이다. 이때는 목표로 하는 고객층을 제대로 파악하는 것이 중요한데, 시장에서 특정 집단의 요구가 일반적인 요구와 크게 다르지 않다면 경쟁력을 얻기 힘들다.

각 전략이 필요로 하는 노력이나 구조가 저마다 다르기 때문에 한 번에 여러 전략을 구사하는 것은 금물이다. 그런데 이런 유형 중 하나를 선택해 전략으로 활용하던 과거와는 달리, 오늘날처럼 경쟁이 치열하고 복잡한 경영 상황에서는 더 복합적이고 종합적으로 전략이 활용되고 있다.

훌륭한 전략은 내부 분석에서 시작한다

"홍 대리, 모바일 사업전략 준비해줘!"

일을 하고 있는 홍 대리의 등 뒤에 대고 최강수 과장이 갑작스럽게 말했다. 앞뒤 설명 없이 무턱대고 '모바일 사업전략'을 준비하라니?

당황한 홍 대리가 질문을 하기도 전에 최강수 과장은 외부회의가 있다며 자리를 비웠다.

'하! 무엇을 위한 사업전략이란 말이야?'

홍 대리는 막막하기만 했다. 배경도 목적도 기한도 알 수 없는 사업전략이라니!

다음날 아침, 출근을 하자마자 최강수 과장이 다짜고짜 물었다.

"어이, 홍 대리. 모바일 사업전략 준비하라는 거 다 됐어?"

홍 대리는 치솟아오르는 화를 억누르며 말했다.

"어제 최 과장님이 퇴근시간 다 돼서 나가면서 이야기한 거잖아요?"

"그래서?"

최강수 과장은 섬뜩한 눈빛으로 홍 대리를 째려보았다.

"아니, 그래서 어제는 모바일 사업에 대한 현황 파악만 일단 했고……."

잘못한 게 없는데도 괜스레 움츠러든 홍 대리는 말끝을 흐렸다.

"그래서, 언제까지 가능한데?"

"무슨 목적인지 어떤 배경인지 혹은 언제까지 어떻게 하면 되는 건지 이야기를 해줘야 준비를 하죠. 모바일 사업전략이라고만 하면 그걸 어떻게……."

홍 대리가 불만 어린 목소리로 말하자 최강수 과장은 갑자기 소리를 빽 질렀다.

"뭐? 그걸 내가 일일이 설명해줘야 해?"

미래전략실 사람들이 자리에 없어서 다행이었지, 지나가던 다른 팀 직원이 무슨 일인가 쳐다볼 정도였다.

"업무지시를 하면 대략이라도 그 범위나 배경이나 목적은 알려줘야 할 거 아니예요."

움츠러들던 마음을 꽉 다잡은 홍 대리는 조심스럽게 계속 이야기했다.

"야, 홍 대리! 너 모바일 사업부 마케팅팀 출신이잖아. 그런데도 그런 걸 일일이 설명해줘야 알아? 너 이런 식으로 할 줄 알았으면 나도 너 여기 추천하지 말 걸 그랬어. 미래전략실에서 일할 능력이 되지 않으면 다시 마케팅팀으로 돌아가!"

"뭐라고……?"

최강수 과장은 해서는 안 될 말까지 했고 홍 대리는 자기도 모르게 주먹을 불끈 쥐었다. 그 모습을 본 최 과장이 소리쳤다.

"뭐? 한 대 치고 싶냐? 그래, 한 대 쳐봐. 대리가 과장 치면 하극상인데다가 직장 내 폭력으로 너 회사에서 잘릴 테니까."

"최 과장님, 저한테 대체 왜 이러는 거예요?"

홍 대리는 도저히 이해할 수가 없었다.

"뭘? 네가 모바일 사업부 마케팅팀 출신이라 모바일 사업에 대해 잘 알 것 같아서 어렵게 불러왔더니, 도대체 제대로 혼자 할 줄 아는 게 뭐야? 그런 정신 상태로 우리 미래전략실에서 살아남을 수 있을 것 같아?"

최강수 과장은 오히려 적반하장이었다. 홍 대리는 다시 마음을 가다듬고 또박또박 말했다.

"최 과장님. 미래전략실의 과장님이시니 충분히 알고 계시리라고 생각합니다만, 기업의 내부에는 수많은 기능이 있어요. 마

케팅을 했다고 해서 그 전체 가치 프로세스를 다 아는 것은 아니지요. 기업의 가치사슬에 대해서는 과장님도 잘 알고 계실 것으로 생각합니다."

홍 대리의 말에 최 과장이 말했다.

"뭐? 가치사슬?"

"네, 가치사슬이요. 기업은 마케팅뿐만 아니라 여러 가지 활동을 통하여 가치를 창조해내는 조직이니까요."

"그, 그런데……?"

최강수 과장이 다시 물었다.

'뭐야? 최 과장 이 태도는?'

홍 대리는 이상한 마음이 들었지만 계속 말을 이었다.

"그러니까, 제 말은 마케팅을 했다고 해서 가치사슬 내의 모든 과정을 다 알 수는 없다는 거죠. 기업은 물류, 제조, 생산, 마케팅이나 영업, 서비스 같은 본원적 활동과 기술개발이나 구매, 인적자원 관리 등과 같은 지원활동이 유기적으로 엮여 이윤을 만들어 내는 가치사슬에 의해 이루어져 있으니까요."

"그래서……?"

최강수 과장이 또 다시 물었다.

'최 과장, 너 혹시 가치사슬이 뭔지도 모르는 거냐?'

홍 대리는 설마 하는 마음으로 말했다.

"그러니까, 가치사슬로 엮여 있으므로 모바일 사업부의 어느 특정 부서에 근무했다고 해서 모바일 사업 전체를 두고 그에 대한 전략을 세우라고 하는 것은 잘못된 업무 지시라고 생각합니다."

예상 밖으로 홍 대리가 똑 부러지게 말하자 최 강수는 의외라는 표정이었다.

"가치사슬이라."

최 강수가 혼잣말처럼 중얼거리면서 말했다.

"그래, 모바일 사업전략에 대해서 더 자세하게 업무 지시를 할 테니, 그보다 먼저 그 가치사슬이라는 것에 대해 좀 더 설명해 봐."

최강수는 말했다.

"네?"

홍 대리는 놀란 표정을 지었다.

사슬처럼 얽힌 내부 활동을 분석하라, 가치사슬모형

기업은 여러 가지 복합적인 활동을 통해서 가치를 창조해내는 조직이다. 가치라는 것은 그 제품이나 서비스에 대해서 구매자가 얼마를 지불할 용의가 있는지에 따라 결정된다. 가치를 창조하는 데 들어간 비용보다 구매자가 받아들이는 가치가 높으면 그 기업은 이윤이 생기는 것이다.

산업분석의 틀을 제시한 마이클 포터는 내부환경을 분석하는 틀도 제시했는데, 그것이 바로 가치사슬모형(Value Chain Management)이다. 가치사슬모형은 개개의 기업활동들이 사슬처럼 연결되어 있다고 보고 이러한 기업 내부 활동들 사이에 상승효과가 있는지, 있다면 얼마나 있는지, 혹은 어디에서 일어나는지를 분석하는 방법이다.

쉽게 말해서 가치사슬이란 기업활동에서 부가가치가 생성되는 과정이라고 할 수 있는다. 기업에서 부가가치를 추구하기 위한 활동은 크게 2가지로 나뉜다.

• **본원적 활동**(Primary Activities)
고객에 대한 가치를 창조하는 제품 및 서비스의 생산과 분배에 직접적으로 관련되어 있는 활동이다. 물류, 제조와 생산, 마케팅과 영업, 서비스 등이 본원적 활동에 해당된다.

• **지원적 활동**(Support Activities)
지원적 활동은 본원적 활동이 가능하도록 하는 것을 말한다. 경영활동 등 조직의 기반구조관리, 직원을 모집하고 채용하고 훈련하는 인적자원관리, 제품 및 생산 프로세스를 개선하는 기술개발, 자재조달활동 등으로 구성된다.

이러한 가치사슬은 기업의 내부 환경을 분석하여 자사의 강점과 약점을 파악하고 원가 발생 원천 및 경쟁기업과 차별화할 점 등을 분석할 때 유용하게 활용될 수 있다.

빨리 갈 것인가, 멀리 갈 것인가

"최 과장이 가치사슬 모델을 잘 모르는 것 같았다고?"

정말로가 물었다.

"응."

"음, 그럴 수도 있지."

정말로가 고개를 끄덕이더니 다시 물었다.

"최 과장이 대리 2년차에 특진을 해서 과장이 됐다고 했지?"

"응. 그 당시에는 파격적인 승진이었지."

정말로의 물음에 홍 대리가 대답했다. 정말로가 다시 물었다.

"그러면 대리시절을 제대로 못 겪었겠네?"

"그렇겠지, 대리 초창기에는 프로젝트의 핵심을 담당하지는 않으니까. 주로 대리 2~3년차 때 가장 일을 많이 하지."

홍 대리는 정말로가 무슨 말을 하려고 저러나 생각하면서도 그녀가 묻는 말에 성실히 대답하고 있었다.

"최 과장이 너에게 일을 떠넘기는 건 최 과장이 몰라서 그래."

"모르다니 뭘?"

"일을 배울 기회를 놓쳤으니 일을 하는 방법을 잘 모르는 거지."

"그게 무슨 말이야?"

홍 대리는 이해가 안 된다는 표정으로 물었다. 정말로는 목을 한 번 가다듬더니 차근차근 설명을 해주었다.

"너 그거 알지? 제품 수명 주기(PLC, Product Life Cycle)."

"당연히 알지. 그거 『마케팅 천재가 된 홍 대리』에도 나오는 이야기잖아."

"오, 너 그 책 읽었구나? 『전략 천재가 된 홍 대리』와 『마케팅 천재가 된 홍 대리』를 모두 읽으면 전략과 마케팅을 같이 익힐 수 있어서 아주 좋을 거야."

정말로는 두 책의 대단한 팬인 것 같았다. 홍 대리가 웃으면서 말했다.

"그런데 지금 네가 하는 이야기가 TV드라마로 따지면 마치 PPL(product placement, 간접광고) 같은 거 알아?"

"그런가? 크크크. 어쨌건 제품수명주기를 도입기, 성장기, 성숙기, 쇠퇴기로 나누잖아? 그리고 각 단계별 특징에 따라 마케팅

전략이 달라져야 하잖아?"

'얘가 또 무슨 이야기를 하려고 그래?'

홍 대리는 슬슬 불안해졌지만 동시에 호기심도 생겼다. 정말로는 이야기를 계속했다.

"제품수명주기에서 제품이 처음 출시되는 도입기에는 제품 개발과 출시에 막대한 비용이 들어가고 아직 판매가 본격적으로 이루어지지 않기 때문에 이익은 거의 없잖아? 마이너스로 손해가 되기도 하고 말이야.

회사에서 일하는 직원도 제품수명주기와 마찬가지로 수명주기가 있어."

"또 무슨 이야기를 하려고 그러는 거냐?"

홍 대리는 그렇게 말을 하면서도 정말로의 이야기에 점점 더 귀를 기울이고 있었다.

"그렇잖아. 회사에서 신입사원을 채용하려면 돈도 들고 노력도 많이 들지만 사실 신입사원들이 일을 잘해서 회사에 기여를 하는 경우는 거의 없잖아. 드라마나 영화 같은 데서는 신입사원이 위기에 빠진 회사를 구하기도 하더라만, 그게 어디 현실에서 가당키나 하니? 사고나 안 치면 다행이지.

그러니 회사 입장에서는 신입사원들한테 얻는 이익이 거의 없거나 마이너스인 거지. 회사나 상사도 그걸 다 알고 있어. 그래서 신입사원한테 일을 많이 시키지만, 그건 단지 일을 가르쳐주기 위해서인 경우가 많고 사실 큰 기대를 하지는 않아."

"음……."

"성장기는 어때? 제품이 출시된 후 성장기에는 실질적인 매출이 급격하게 증가하지? 그리고 이때 경쟁자들이 대거 시장에 진입하게 되지? 이제야 기업은 제품을 통해 이익을 늘리게 되고.

직장에서 직원도 마찬가지야. 이 성장기가 바로 직급으로 따지면 대리 정도 되는 거지. 실무적인 일을 제일 많이 하는 시기이고, 회사 입장에서 이 사람들이 하는 실무가 매우 중요하거든. 경쟁자도 많이 생기지. 보통 대리까지는 쉽게 진급해도 과장으로 진급하기는 쉽지 않잖아?"

정말로의 말에 홍 대리는 고개를 끄덕였다.

"최강수 과장의 경우를 수명주기에 비유하자면 성장기를 제대로 못 거치고 바로 성숙기로 넘어간 것이지. 제품수명주기에서 성장기를 제대로 못 거치고 바로 성숙기로 넘어가버리면 어떻게 되니? 성숙기를 최대한 오랫동안 유지하면서 이익을 내야 제품이 성공하는데, 성장기를 제대로 못 거치면 성공하기가 어렵지."

제품수명주기에 대해서는 잘 알고 있었지만 직원의 수명주기는 들어본 적이 없었다. 정말로의 이야기를 들으니 직원의 수명주기에 대해 이해가 될 듯 말 듯 했다. 정말로는 이야기를 계속했다.

"최 과장은 성장기를 충분히 거치지 못했기 때문에 실무를 제대로 익힐 시간이 없었던 거야. 어쩌면 그분도 너만큼, 혹은 너보다 더 힘든 시기를 보내고 있는 것일 수도 있어."

'뭐라고? 최 과장이 나보다 더 힘들 수도 있다고?'

홍 대리는 단 한 번도 그런 생각을 해본 적이 없었다. 남들보다 빨리 진급하고 연봉도 많이 받는 최 과장이 사실은 홍 대리보다 더 힘들 수도 있다니?

"이제야 조금 이해가 된다. 최 과장이 나에게 자료도 제대로 주지 않고 설명도 제대로 해주지 않으면서 '대단한 컨설턴트가 알아 맞춰보세요!' 하는 듯한 태도를 보였던 것은 사실은 최 과장이 잘 모르기 때문이었어. 자신이 모른다는 것을 감추기 위해 더 많이 아는 척을 하다 보니까 태도가 그렇게 될 수밖에 없는 거지."

'그럴까?'

홍 대리는 처음으로 최 과장의 입장이 타인에게 보이는 모습과는 다를 수도 있다는 생각을 하게 되었다.

정말로는 가방에서 종이와 펜을 꺼내더니 슥슥 제품수명주기를 그래프로 그렸다.

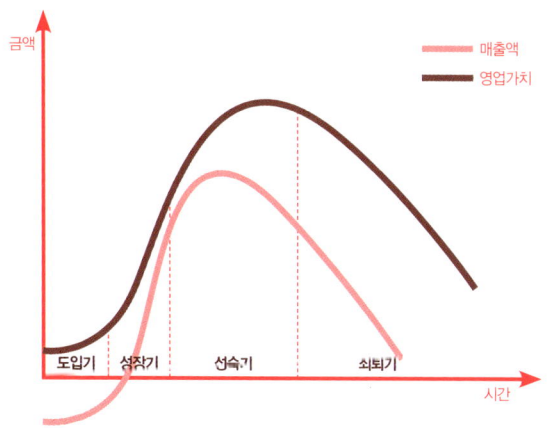

"봐봐. 너도 잘 알겠지만, 이게 제품수명주기야. 제품수명주기에서 성숙기에서 가장 높은 이익을 내고 언젠가는 쇠퇴기에 접어드는 것처럼, 제품도 성공도 영원한 것은 없어.

도입기와 성장기를 천천히 거치더라도 결국 성숙기에서 더 높이 더 오래 유지하고 쇠퇴기가 오기까지의 시간을 가능한 늘리면서 삶을 이어가야 하는 것이지."

그러면서 정말로는 비슷한 그림 2개를 쓱쓱 그렸다.

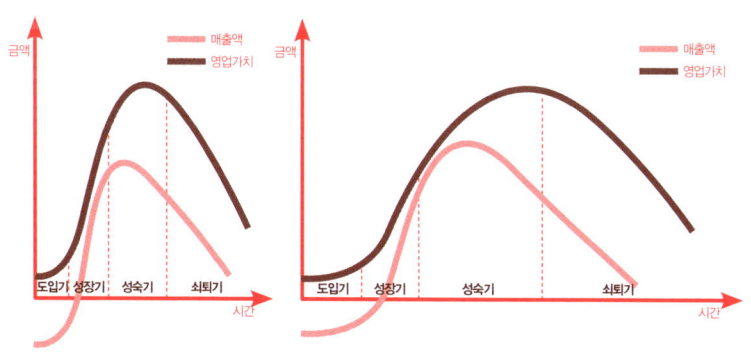

"이 두 그림의 차이가 뭔지 알아?"

정말로가 물었다.

"뭐, 둘 다 제품수명주기잖아."

"그래, 근데 너라면 둘 중에 무엇을 택하겠니?"

"뭐가 다른지를 알아야 선택을 하지."

"뭐가 다른지 잘 좀 봐봐."

홍 대리는 그림에서 서로 다른 것이 있는지 한참을 쳐다보았다. "혹시, 이거……?"라고 운을 떼자 정말로가 빨리 맞춰보라는 눈빛으로 홍 대리를 바라보았다.

"혹시 이거 '굵고 짧게'와 '가늘고 길게'를 나타낸 거냐?"

"빙고!"

정말로가 까르르 웃었다.

"'굵고 짧게'와 '가늘고 길게' 중 너는 무엇을 택하겠니?"

"참 어려운 질문이다. 음, 나는 '굵고 길게'를 택할 거야!"

"그래, 모든 사람이 굵고 길게 가면 좋겠지만 세상이 그렇지 않잖니? 그러니까 전략이 필요한 것이고 선택의 문제인 거야. 선택한다고 선택한 대로 되는 것도 아니지만 말이야."

정말로의 말대로 모든 직장인들의 바람은 '굵고 길게' 직장생활을 하는 것이다. 하지만 '가늘고 길게'라도 있고 싶어 발버둥쳐도 '가늘고도 짧게' 직장생활을 마감하는 것이 현실 아니겠는가? 정말로는 이야기를 계속 이어갔다.

"어쨌건 최 과장은 너보다 빨리 승진해서 너보다 빨리 성숙기로 들어간 것이고 너는 아직 과장이 되지 못하고 성장기 끝부분에 남아 있는 거야.

하지만 빨리 간다고 해서 더 높이 더 오래 간다는 보장은 없잖아? 끝날 때까지는 끝난 게 아니라고, 누가 더 멀리 더 높이 갈지 아직은 아무도 모르는 거야."

'빨리 가는 것보다 더 멀리 더 높이 가는 것이 중요하다고? 끝날 때까지는 끝난 게 아니라고?'

홍 대리의 마음속에 큰 물음표 하나가 쿡 하고 찍혔다.

"그러니, 최강수 과장은 빨리 가긴 했지만 오히려 성숙기가 높지 못해서 더 오래 지속되지 못할지도 몰라."

'최 과장이 성장기를 제대로 거치지 못하고 너무 빨리 성숙기로 접어들어서 기본을 배울 기회가 충분하지 못했으니 지금 더 힘들 수도 있을까?'

홍 대리는 처음으로 최강수 과장이 조금 안쓰럽다는 생각을 해보았다. 하지만 최강수 과장이 요즘 홍 대리에게 하는 짓은 정말 너무 하지 않은가?

"사실, 경영이나 인생이나 성공에 정답이 있냐?"

정말로는 인생 다 산 사람인양 이야기를 했다.

'경영이나 인생에나 성공에 정답이 없다고?'

"성공한 것이 성공사례로 남는 거고, 성공한 사람의 이야기가 성공비결이 되는 거지. 똑같이 했어도 실패한 사례는 아무도 모르게 사라지고 말지. 성공사례를 똑같이 적용한다고 해도 무조건 성공하는 것도 아니잖아. 오히려 상황이 달라서 실패하는 경우가 많지.

 인생의 성공도 뭐 별거냐? 내가 끝까지 성공했다고 믿으면 성공으로 끝나는 거지. 그러니까 괜히 다른 사람과 비교해서 스스로를 구박하지 말고 너는 너의 길을 가면 되는 거란다!"

 정말로는 이제 전략 컨설턴트가 아니라 인생의 지혜를 깨우친 도사처럼 이야기를 하고 있었다.

 '경영전략이 내 삶의 전략과 비슷할 수 있다니!'

 홍 대리는 '인생의 성공전략을 수립하라'는 말이 어떤 뜻인지 이제야 조금씩 알 수 있을 것 같았다.

수명주기에 맞는 전략으로 승부하라

제품수명주기와 마찬가지로 세상 모든 것에는 수명이 있다. 수명주기에 따라 단계별로 전략이 달라져야 한다. 제품수명주기는 '도입기, 성장기, 성숙기, 쇠퇴기' 4단계를 거친다.

• 도입기

시장에 출시된 지 얼마 안 되어 소비자의 구매를 이끌어내기엔 아직 시간이 부족한 단계다. 판매량이 낮은 데 비해 소비자에게 제품을 알려야 하는 광고비나 유통비가 많이 들어 적자를 기록하는 경우가 많다. 보통 도입기에는 제품가격이 높은데, 그 이유는 높은 제품개발비용과 초기투자비용, 광고비를 충당해야 하기 때문이다.

• 성장기

소비자들에게 반응이 오기 시작하는 단계다. 대량생산이 이루어지기 때문에 도입기보다는 제품 원가는 낮아지는 경우가 많다. 시장점유율이 늘어나게 되면서 기존 소비자의 구매와 새로운 소비자의 구매 유도를 동시에 해야 한다.

• 성숙기

높은 판매량을 지속하던 제품도 어느 시점에 이르면 판매량이 떨어지는 시기가 온다. 제품수명주기 중 이 시기를 성숙기라고 한다. 제품을 대량생산하면서 다른 제품수명주기에 비해 원가가 상당히 저렴하다. 이 시기에는 경쟁업체들도 많기 때문에 그중 경쟁력이 강한 기업만이 살아남을 수 있다.

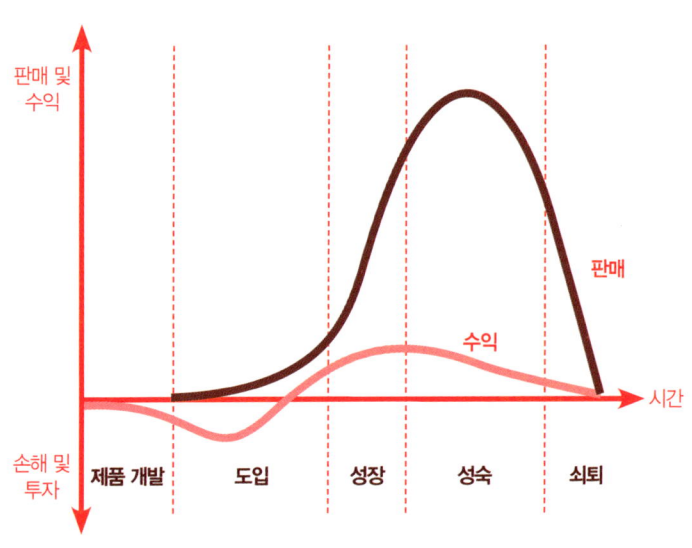

- **쇠퇴기**

한때 성숙기를 누렸던 제품들도 힘을 잃는 시기다. 소비자의 취향이 변하고 기술이 진보하고 대체상품이 등장하면서 점차 제품이 쇠퇴한다. 당연히 판매량도 감소한다. 쇠퇴기에는 기본적으로 투자를 줄이고 현금의 흐름을 증가시키는 전략을 실행하는 것이 중요하다.

이처럼 제품수명주기는 도입기, 성장기, 성숙기, 쇠퇴기 4단계로 볼 수 있으나 모든 제품이 이러한 수명주기를 따르는 것은 아니다. 제품에 따라 주기반복형도 있고, 연속성 장형도 있다. 그러나 어떤 형태가 되었든 기업은 이익을 얻을 수 있는 제품의 성장기와 성숙기를 길게 가져가고 그 기간 동안 최대한 많은 이익 얻기를 원한다.

이는 개인에게 있어서도 마찬가지다. 빠르게 성공하여 더 높은 자리로 가려는 욕심보다는 장기적인 관점으로 자신의 성장기를 충분히 누리고 성숙기를 오래 그리고 높이 가져갈 수 있도록 준비하는 것이 좋다.

기업에서 제품의 도입기 동안에는 벌어들이는 이익보다 투자금액이 더 커서 손실이 나는 것처럼 개인도 마찬가지다. 신입사원 시절은 회사에 벌어주는 돈보다는 회사가 직원을 채용하고 교육시키는 데 더 많은 비용이 들기 때문에 회사 입장에서는 손해를 보는 시기다.

직원이 회사에 제대로 기여하기 시작하는 때를 제품수명주기에 놓고 보자면 성장기에 해당하는 대리 직급부터라고 보면 될 것이다. 그리고 제품수명주기와 마찬가지로 이때는 경쟁자가 대거 진입하여 경쟁이 점점 치열해지기 시작한다.

이후 제품수명주기에서 성숙기에 해당하는 과장이나 관리자급 이상이 되면 경쟁력이 약한 사람은 도태되기 시작하고 경쟁력이 강한 사람만이 살아남게 된다. 그리고 세상의 이치가 그렇듯 언젠가는 쇠퇴기가 찾아올 것이다.

이처럼 개인도 현재 자신이 처한 위치를 잘 파악하고 그에 따른 전략을 세워야 한다. 도입기인 신입사원 시절에는 빨리 성장해서 성공하려는 지난친 욕심과 자만심은 버리고 충분히 잘 배우고 준비하는 것이 좋다. 성장기에는 경쟁이 치열해지는 만큼 자신만의 경쟁력을 확보하기 위한 노력을 기울여야 한다. 성숙기에는 쇠퇴기가 오기 전 기간을 오래 유지하기 위한 성공전략을 펼치는 것이 좋다. 쇠퇴기에는 다음에 올 새로운 삶을 위한 전략적 철수전략을 세워야 할 것이다.

본격적으로 전략을 수립하고 평가하기

미래의 스타를 준비하라

"야, 저기 무슨 촬영하나 보다."

점심시간에 정말로와 만나 이동을 하고 있는 홍 대리 앞으로 밝은 조명 주변에 몰려 있는 사람들이 보였다.

"야, 우리도 저기 가보자."

정말로가 홍 대리를 잡아끌었다. 못 이기는 척 따라가 보았더니 최고의 인기를 끌고 있는 영화배우가 촬영 중이었다.

"멋있다! 정말 스타는 스타네 멀리서도 저렇게 빛나다니!"

정말로가 정신을 놓고 영화배우를 바라보면서 말했다. 그런 정말로를 보던 홍 대리는 괜히 심술이 났다.

"야, 저게 뭐가 멋있냐? 생각보다 키도 작네. 가자. 점심시간 얼마 안 남았어."

이번에는 홍 대리가 정말로를 잡아끌었다.

"너는 어떤 남자를 보면 멋있다는 생각이 드냐? 저런 영화배우 말고, 실제로 주변 사람 중에서."

"글쎄, 내가 미국 가서 영어를 잘하기 전에는 영어 잘하는 사람이 진짜 멋있어 보이던데."

정말로가 대답했다.

"영어?"

영어라면, 홍 대리가 가장 자신없는 부분 중 하나 아닌가? 학교 다닐 때부터 국어, 수학, 암기 과목 등 모든 것에 자신 있는 홍 대리였지만 유독 영어만큼은 자신이 없었다.

"근데 갑자기 그건 왜 물어봐?"

정말로가 물었다.

"아, 아냐."

홍 대리는 말을 얼버무렸다.

"너, 혹시 멋있게 보이고 싶은 마음이 드는 여자가 생긴 거야?"

정말로가 의심스러운 눈초리로 물었다.

"아, 아니야!"

"뭐야? 너무 부정하니까 더 의심스러운데!"

"아, 아니라니깐!"

두 사람은 티격태격했다. 모르는 사람이 멀리서 보면 아마 연인이 사랑싸움이라도 하는 줄 알았을 것이다.

'왜 하필 영어냐.'

홍 대리가 투덜거리면서 사무실로 들어가기 무섭게 어중간 부장이 미래전략실 직원들을 소집해 회의를 시작했다.

"우리 미래전략실에서 글로벌 경쟁력을 강화하기 위해 외국인 직원들을 영입했습니다."

'외국인 직원이라고?'

잠시 후 어중간 부장이 외국인으로 보이는 3명을 데리고 나타나 말했다.

"전체적으로 글로벌전략과 국내전략은 어느 정도 나누어서 진행되겠지만, 한 팀이기도 하고 또 같이 업무할 기회가 점점 더 많아질 테니 가깝게 지내도록 해요."

역시 세별전자의 미래전략실은 회사의 성공을 책임지는 중요한 곳임에 틀림없었다. 하지만 홍 대리의 한숨은 늘어만 갔다.

'영어! 이 웬수 같은 영어!'

"외국인 직원들이라구?"

저녁을 먹으면서 정말로가 말했다.

그리고 보니 요즘 홍 대리는 주말은 물론이고 평일에도 점심

밥과 저녁밥을 정말로와 자주 먹는 것 같다. 만나는 시간으로만 따진다면 그 어떤 열정적인 연인과 다를 바가 없었다.

"너 영어 잘하냐?"

꽁치김치찌개를 한술 뜨던 정말로가 물었다.

"아니."

홍 대리가 대답했다.

"그럼 너 어떡하냐? 외국인 직원들하고 같이 프로젝트라도 하게 되면."

"그러게, 그래서 정말 걱정이다."

홍 대리는 걱정스럽게 고개를 떨구었다.

"그래서 항상 미리미리 미래를 준비해야 하는 거야."

정말로는 무심하게 말했다.

"그건 나도 알지. 하지만 막상 닥치기 전까지는 생각만 하다가 작심삼일로 끝나기 마련이잖아. 마케팅팀에 있을 때도 나는 주로 국내 마케팅만 맡아서 영어를 할 일이 별로 없었고. 그리고 내가 미래전략실로 올지 누가 알았냐? 미래전략실에 외국인 직원들이 오게 될지 알았냐고!"

또 홍 대리는 남 탓만 했다.

"마케팅팀에 있을 때 네가 국내 마케팅만 맡아서 영어를 할 일이 없었던 것이 아니라, 네가 영어를 잘 못했기 때문에 국내 마케팅 일만 주로 맡을 수밖에 없었던 것 아니야?"

정말로는 또 예리하게 홍 대리를 푹 찌르는 질문을 했다.

"뭐, 그게 그거지."

홍 대리는 대충 넘어가려 했다.

"그게 그거가 아니지. 내가 할 수 없어서 못 하는 거랑 할 수 있는데 안 하는 거랑은 완전히 다른 문제지."

정말로 말이 늘 그렇듯이 틀린 건 하나도 없지만 저렇게 예리하게 파고들 때는 사람을 참 피곤하고 아프게 한다.

"그래, 그래. 나는 영어를 못해서 국내 마케팅 일밖에 할 수 없었다! 어쩔래?"

홍 대리는 어린 아이처럼 삐쳐서 말했다.

"기업에서 전략을 수립할 때도 마찬가지야. 기업이 하고 싶은데도 할 수 없어서 못 하는 거랑 기업이 할 수 있지만 사업성이 없어서 안 하는 건 완전히 다른 문제잖아.

그럼, 기업이 하고 싶은데도 못 하는 게 없으려면 어떻게 해야 할까?"

"사업을 할 수 있는 역량을 키워야지."

홍 대리는 간단하게 정답을 이야기했다.

"그래, 이렇게 정답을 잘 알고 있으면서! 너도 네가 원하는 일을 할 수 있는 역량을 키워야지!"

"결국 영어공부 하라는 말 아냐?"

"빙고! 너 BCG매트릭스 알지?"

정말로가 환하게 웃으며 말했다.

"당연하지."

"기업에서도 현재 많은 수익을 벌어다주는 캐시카우(Cash Cow)가 아니라 미래에 성장할 스타(Star)를 위해 미리미리 준비해. 너에게 있어서 현재 너의 캐시카우 경쟁력은 어쩌면 너의 성실함이었겠지만, 앞으로도 그 성실함만으로 밀어붙이기는 쉽지 않을 거야. 그렇다면 미래에는 너의 어떤 역량이 너를 성공하도록 이끌어줄까? 그렇게 생각해보면, 이미 오래전부터 너는 자신을 더 성장시키고 더 많은 기회를 줄 너의 역량이 무엇인지를 찾고 부족한 것이 있다면 준비했어야 해. 그것이 미래의 너를 스타로 만들어줄 거니까."

"미래의 스타를 위해 미리 준비해야 한다고?"

홍 대리는 BCG매트릭스를 떠올리면서 미래를 위해 자신의 어떤 경쟁력을 키워야 할지 생각해보았다. 정말로가 말했다.

"그런데, 홍인범. 요즘 맛집 선정에 별 열의가 없는 듯하다?"

"왜? 이 집 별로야? 김치찌개로는 유명한 집인데?"

"맛있긴 한데, 캐시카우 이야기하니까 소고기가 먹고 싶다."

"뭐라고? 알았다. 다음에는 맛있는 소고기 집으로 준비하마."

홍 대리와 정말로는 서로를 바라보며 웃었다.

미래를 준비하기 위해 반드시 알아야 할, BCG매트릭스

BCG매트릭스(BCG Matrix)는 미국의 보스턴컨설팅그룹(BCG)이 개발한 전략평가 기법이다. BCG는 기업이 사업에 대한 전략을 결정할 때 '시장점유율(Market Share)'과 '사업성장률(Growth)'을 고려하여 이 2가지 요소를 기준으로 기업의 사업을 '스타(Star, 별) 사업', '캐시카우(Cash Cow, 현금젖소) 사업', '퀘스천마크(Question Marks, 물음표) 사업', '도그(Dog, 개) 사업'으로 나누었다.

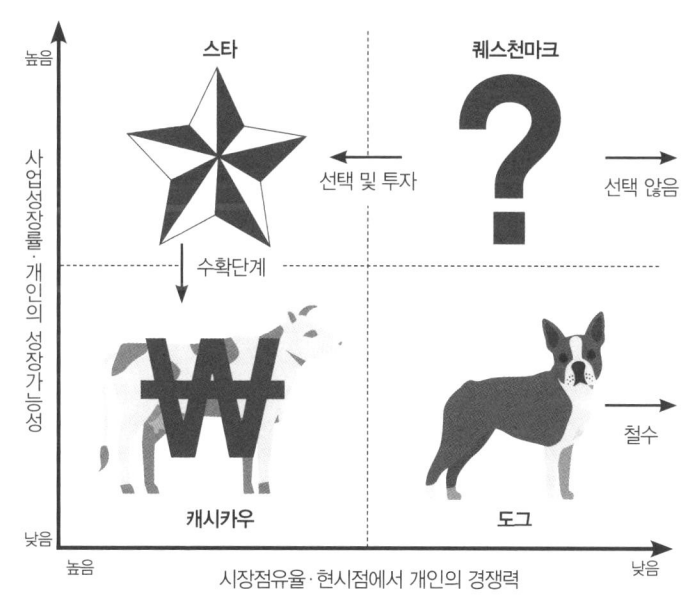

- **사업성장률도 좋고 시장점유율도 좋다면 '스타'**

이 사업은 고성장과 고점유율을 동시에 가지고 있는 유망 사업이다. 현재 시장 내에서 선도적 위치를 차지하고 있지만 성장 중인 시장에서 경쟁 업체들의 도전을 계속 이겨내기 위해서는 이 사업을 더 키울 수 있는 육성 전략이 필요하다.

- **사업성장률은 저조하지만 시장점유율이 좋다면 '캐시카우'**

앞으로의 사업 성장은 크게 기대하기 어렵지만 현재 시장점유율이 좋기 때문에 이 사업은 현금을 가져다주는 효자 사업이다. 따라서 이 사업은 유지 전략을 쓰게 된다.

- **사업성장률은 좋으나 시장점유율이 낮다면 '퀘스천마크'**

퀘스천마크는 성장률은 높으나 점유율은 낮은 유형이다. 성장가능성이 있는 초기 단계에 있는 사업이 대부분 이 영역에 속한다. 시장의 선도적 위치가 아니기 때문에 많은 투자가 필요한 사업이며, 투자를 확대해 스타(성장 사업)로 가거나 투자를 포기해 도그(사양 산업)로 가게 된다.

- **사업성장률도 저조하고 시장점유율도 낮다면 '도그'**

사업성장률도 낮고 시장점유율도 낮다면 이 사업은 수익성이 낮고 손실을 유발할 수 있기 때문에 철수 전략이 필요하다.

BCG매트릭스를 가장 이상적으로 활용하는 방법은 캐시카우를 이용해 퀘스천마크를 키워 스타로 만들고, 스타를 잘 관리하여 이를 다시 캐시카우로 만들어 새로운 퀘스천

마크와 스타를 성장시키는 선순환 고리를 만드는 것이다.

개인에 있어서도 미래의 성장가능성과 현재의 개인경쟁력을 고려하여 버려야 할 것은 버리고 키워야 할 것은 키우는 전략이 필요하다.

개인에게 있어서 '성실함'은 주로 신입사원시절에 꼭 필요한 경쟁력이다. 하지만 시간이 지나면서 계속 '성실함'만으로 인정받기는 힘들다. 이런 경우 현재의 캐시카우는 '성실함'이지만 앞으로 스타가 될 경쟁력을 미리 키워나가야 한다.

대부분의 경우, 그것은 우리의 퀘스천 마크 속에 있을 것이다. 필요할 것 같긴 한데, 이것이 정말 스타가 될지 혹은 별 필요없는 도그가 될지 모르기 때문이다. 예를 들어, 영어공부나 MBA 과정 같은 것이 대표적인 경우다.

하지만 사업전략에서도 그렇듯이 이 부분은 많은 투자가 필요하며 투자를 강화하면 스타가 되고 투자를 포기하면 도그가 되는 것이다. 기업의 사업이나 개인의 경쟁력이 하루 아침에 이루어지지는 않는다. 많은 자원의 투자, 특히 돈과 시간의 투자는 필수적인 것임을 알고 미리미리 전략을 수립하고 적절한 투자를 할 수 있어야 성공에 가까이 갈 수 있다.

.

나의 핵심역량은 무엇인가

"야, 이 가게 고기 정말 맛있다. 다른 메뉴는 아무것도 없고 딱 소고기 등심 한 가지랑 깍두기볶음밥만 하는데도 줄을 길게 서야 할 정도로 손님이 많네!"

홍 대리가 어렵게 찾아 데려온 맛집이 마음에 꼭 드는지 정말로가 기분 좋게 말했다.

"응. 그게 이 가게의 핵심이야, 소 등심을 다 먹고 남은 기름에 깍두기 국물로 밥을 볶아 먹는 거. 고기도 맛있지만 이 깍두기볶음밥은 이 집 아니면 못 먹는다니까!"

우쭐해진 홍 대리가 신나서 설명했다.

"그렇구나. 그럼 이 가게의 핵심은 깍두기볶음밥이네?"

정말로가 입맛을 다시면서 물었다.

"그러고 보니 비슷한 깍두기볶음밥은 다른 가게에도 있지만 이 맛이 안 난단 말이야."

"그래? 그러면 이 가게 깍두기볶음밥만의 숨겨진 핵심역량이 있는 거야."

"숨겨진 핵심역량이 있다고?"

그러고 보니 맛이 좋아서 자주 오던 가게였지만 자신을 자주 오게 만든 힘의 원천이 무엇일까 생각해본 적이 없었다. 맛이 좋은 가게는 이 가게 말고도 많이 있는데 말이다.

"홍인범, 그런데 너의 핵심역량은 뭐냐?"

정말로는 눌어붙은 깍두기볶음밥을 박박 긁어 먹다가 생각에 잠긴 표정으로 물었다.

"나의 핵심역량……?"

"그래, 남들은 따라 할 수 없는 너의 성공 원천! 그게 뭐냐?"

"글쎄……."

홍 대리에게는 너무 갑작스럽고도 어려운 질문이었다.

"그걸 찾아야 해. 경쟁자들은 쉽게 따라 할 수 없고 경쟁자들보다 우월한 경쟁우위를 가져다 주는 너의 핵심역량 말이야."

'나의 핵심역량…….'

깊고 중요한 물음 하나가 홍 대리에게 던져졌다.

"때로 나는 핵심역량은커녕, 역량 자체도 없는 것 같이 무능하게 느껴질 때가 있어."

"그럴지도 모르지. 핵심역량은 단순히 남들보다 조금 잘하는 게 아니라 항상 남들보다 더 잘하는 자신만의 능력이니 말이야."

생각해보니 홍 대리는 자신이 남들보다 썩 잘하는 것이 별로 없는 것 같았다.

"하지만 너무 실망하지 마. 핵심역량은 키우면 되는 거야. 키울 수 있는 거라고! 그리고 분명히 너의 핵심역량은 있어. 네가 그걸 아직 잘 찾아내지 못해서 그렇겠지."

"정말 나에게도 핵심역량이라는 것이 있을까?"

"그럼, 기업을 커다란 나무에 비유하자면 핵심역량은 뿌리와 같다고 할 수 있어. 뿌리 없는 나무는 없으니까 핵심역량이라는 것은 꼭 있는 거지. 다만 뿌리가 튼튼하면 나무도 튼튼할 것이고 뿌리가 약하면 나무도 약하겠지만 말이야.

기업에서는 가치사슬분석기법을 사용해서 어떤 기능에 핵심역량이 있는지를 파악할 수 있고, 또 다른 기업을 벤치마킹함으로써 자사의 핵심역량을 파악할 수 있지.

그러니, 너도 너의 경쟁자나 다른 사람을 벤치마킹해서 너의 핵심역량을 알아낼 수도 있어."

"다른 사람을 통해서 나의 핵심역량을 알아낼 수도 있다고?"

정말로는 계속 설명했다.

"그렇지. 다른 사람의 모습을 통해서 너의 진정한 모습을 찾아내는 거지."

그러고 보니, 요즘 홍 대리는 최강수 과장이나 정말로를 통해서 자신도 모르던 자신의 진정한 모습을 많이 알아가는 것 같기도 했다. 정말로가 말을 이었다.

"기업성장의 요인이 되는 핵심역량에는 이런 특성이 있어.

첫째, 다양한 시장으로 진출할 수 있는 가능성을 제공한다.

둘째, 고객이 느끼는 편익을 증대시킨다.

셋째, 경쟁자들이 흉내 내기 어렵다."

홍 대리가 고개를 끄덕였다.

"그럼 이 집의 핵심역량은 뭘까? 여기 숨겨진 비밀 말이야."

정말로가 눌어붙은 깍두기볶음밥까지 박박 다 긁어먹고도 아쉽다는 표정으로 말했다.

"여기에 숨겨진 핵심역량?"

"그래, 네가 그랬잖아. 다른 가게에도 깍두기볶음밥은 있지만 이 맛이 안 난다고."

정말로의 말에 홍 대리는 잠시 생각에 잠겼다.

"혹시……. 이 소고기등심에서 나오는 기름과 이 가게에만 있는 이 불판의 조화, 그리고 그들만의 깍두기제조법, 그것들의 조화에 있지 않을까? 사실, 내가 이 집 깍두기볶음밥이 너무 먹고 싶어서 좋은 소고기 등심을 사다가 집에서 요리해본 적이 있거든. 근데 절대 이 맛이 안 나더라고."

이야기를 듣고 있던 정말로가 놀란 듯 말했다.

"너는 여러 가지 기능의 통합적 능력을 이 집의 핵심역량으로 보는구나. 대단한데!"

정말로가 무슨 말을 하는 것인지는 잘 모르겠지만 어쨌건 제법 만족스러운 대답을 한 것 같아서 홍 대리는 기분이 좋아졌다.

"그러니까 지금까지 너의 설명에 의하면 나의 핵심역량은 나에게 다양한 기회와 가능성을 주고 나의 주변에 혜택을 제공하면서 경쟁자들이 따라 하기 어려운 그 무엇이 되겠구나. 그리고 그것이 겉으로 명확히 드러나기보다 숨겨져 있는 경우도 있고. 나도 나의 핵심역량을 찾을 수 있을까?"

홍 대리의 이야기에 정말로가 눈을 동그랗게 뜨고 그를 바라보았다.

"왜……?"

갑자기 정말로가 진지하게 쳐다보자 홍 대리는 괜히 부끄러워졌다.

"너 이해를 참 잘하는구나! 나는 분석만 잘하는데……. 너의 그런 점이 참 부럽다."

저 대단하고 능력 있는 정말로가 홍 대리를 부러워할 때도 있다니, 홍 대리는 기분이 더 좋아졌다.

잘하는 건 강화하고 부족한 건 채워라, 핵심역량

핵심역량(Core Competence)이란 기업이 보유하고 있는 경영자원과 능력 중에서 경쟁자에 비해 경쟁우위를 확보해주는 핵심적인 능력을 말한다. 핵심역량은 기업의 독특한 자원과 능력을 최종 제품이나 서비스와 연결시켜 지속적인 경쟁우위를 창출하는 원천이 된다.

이때 핵심역량이란 단순히 그 기업이 잘하는 활동을 의미하는 것이 아니라 경쟁기업에 비하여 훨씬 우월한 능력, 즉 경쟁우위를 가져다주는 기업의 능력으로서 보다 우수한 수준으로 고객에게 만족을 제공할 수 있는 기업의 힘을 말한다. 그러므로 기업 내에 산재해 있는 여러 가지 요소 중 기업의 경쟁적 우위를 확보할 수 있는 핵심요소를 명확히 설정하고 이를 통합·관리할 수 있는 방법을 찾아내는 것이 중요하다.

핵심역량의 원천은 2가지로 나눌 수 있다. 기능별 능력과 조직적 통합능력이 바로 그것이다. 예를 들어 생산기술, 연구개발, 마케팅, 브랜드 등 특정 기능별 능력에서 핵심역량을 파악할 수 있다. 또는 대부분 기업들이 그렇듯이 여러 가지 기능별 능력들이 합쳐져서 통합된 조직상의 능력에서 핵심역량이 창출될 수도 있다. 여러 가지 기능별 능력을 조합해서 신제품을 만들어내는 능력, 자신이 가지지 못한 기능별 능력을 다른 기업이나 외부에서 빨리 배우고 조달할 수 있는 능력이 핵심역량이 될 수 있는 것이다.

- **기업의 차별화된 역량이 핵심역량이 되려면 몇 가지 조건이 충족되어야 한다.**
  ① 최종 고객에게 혜택 제공: 핵심역량을 바탕으로 나오는 최종 제품이나 서비스가 고객에게 중요한 혜택을 제공해야 한다.
  ② 차별성: 핵심역량이 되기 위해서는 경쟁자의 유사한 능력과 비교하여 월등히 우수한 차별성을 지녀야 한다.

③ 다양한 제품의 원천: 하나의 핵심역량이 많은 제품에 적용 가능해야 한다. 예를 들어 소니의 광학 기술은 카메라, 비디오, 복사기 등 여러 가지 제품에 적용되어 우수한 제품을 만들어낼 수 있었다.

- **핵심역량은 기업의 기능별 능력을 세부적으로 파악하고 경쟁기업들과 비교함으로써 파악할 수 있다.**
    ① 가치사슬 기법을 활용하여 기업의 활동을 세부 활동 분야로 나누어 각 부문에서 얼마나 부가가치를 창출하는지 분석한다.
    ② 각 세부 분야에서 경쟁기업을 벤치마킹함으로써 자사의 우위 분야와 열위 분야를 파악하고 주요 원인을 분석한다.
    ③ 열위 분야는 보완하고 우위 분야는 더욱 발전시킨다.
    ④ 자사 조직상의 능력을 평가하여 조직 내부에서 핵심역량이 활발하게 공유될 수 있도록 한다.

이렇듯 개인에게도 타인과 구별되는 나만의 핵심역량이 존재할 것이다. 그것은 단순히 어떤 한 부분의 영역일 수도 있고 혹은 여러 가지가 조합된 그 어떤 것일 수도 있다. 나의 핵심역량이 무엇인지 파악하여 잘하는 부분은 강화하고 부족한 부분은 채워 나가야 한다.

얼마나 매력적인가?

"자, 이제 우리 매력도를 한번 알아볼까?"

"매력?"

홍 대리가 되물었다.

"그래, 얼마나 매력적인가를 알아보는 거야!"

정말로가 매력에 대해서 이야기하자 홍 대리는 괜히 웃음이 나왔다.

'정말로가 드디어 나의 매력에 빠지기 시작했구나.'

그러나 정말로는 홍 대리의 기대와는 전혀 다른 이야기를 했다.

"포터의 '파이브 포스(5 Force, 다섯 가지 힘) 모델'을 이용하면 산업의 매력도를 분석할 수 있어."

"파이브 포스 모델?"

"응? 그러고 보니 '파이브 포스 모델'은 실제로 현업에서 많이 쓰일 일이 없겠구나. 그래도 전략을 세우려면 알아둬야 하니 내가 설명해줄게."

정말로는 또 종이와 펜을 꺼내서 그림을 그렸다.

"이게 바로 현재 산업 분석도구로서 가장 많이 사용되고 있는 마이클 포터의 파이브 포스 모델이라고 하는 거야."

홍 대리는 처음 보는 그림이었다.

"음, 이걸로 뭘 하는 건데?"

"이걸 통해서 산업의 매력도를 분석할 수가 있지. 매력도라는 말이 어려우면 이렇게 설명해보면 어떨까? 시장이 매력적일수록 성공할 가능성이 더 올라간다고. 한번 설명해볼게. 잘 들어봐."

누가 컨설턴트 아니랄까 봐 정말로는 자신이 알고 있는 내용

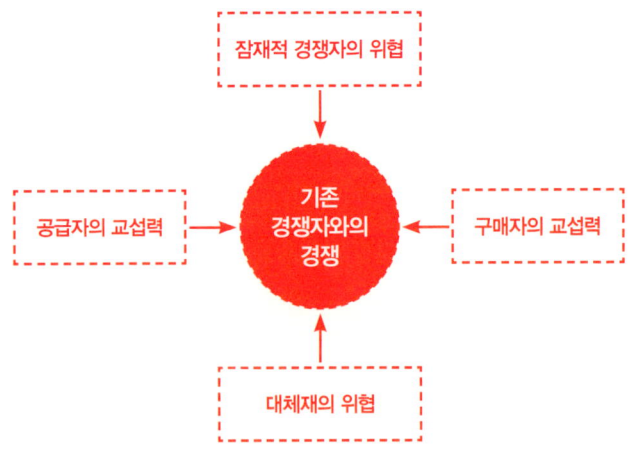

을 다른 사람이 이해하기 쉽게 설명하는 것을 좋아했다.

"먼저, 여기서 잠재적 진입자란, 그 시장에 진입할 가능성을 말하는 거야. 그러니까 아직은 경쟁자가 아니지만 미래에 경쟁자가 될 가능성이 높은 것을 말하지. 그렇다는 말은 잠재적 진입자가 없을수록 그 시장은 매력적이라는 것이지. 진입하기가 어렵다는 것은 그만큼 경쟁이 치열하지 않을 수도 있다는 것을 의미하니까.

그래서 기업들은 새로운 진입자가 시장에 들어오지 못하도록 진입장벽을 쌓기 위해 노력하지. 이러한 진입장벽은 정부의 규제, 높은 투자 금액, 강력한 브랜드, 중요한 투입자원 확보의 어려움, 전환장벽 등이 있어."

정말로는 '잠재적 진입자의 위험' 옆에 '정부의 규제, 높은 투자 금액, 강력한 브랜드, 중요한 투입자원 확보의 어려움, 전환장벽'을 써놓았다. 그러면서 홍 대리가 이해하고 있는지 눈치를 살짝 살폈다. 정말로가 부가 설명을 했다.

"예를 들어서 이동통신 시장처럼 정부의 규제가 있다면 아무나 자기 맘대로 그 사업에 뛰어들 수가 없으니 진입장벽이 올라가겠지. 그러면 그 시장에 진입하기가 어려워지니 상대적으로 잠재적 진입자가 감소하겠지? 또 만약에 어떤 사업을 하기 위해서 엄청난 규모의 공장이 반드시 필요하다든지, 투자금이 많이 들어간다면 역시 그 사업을 시작하기가 힘드니 진입장벽이 올라

갈 것이고 동시에 잠재적 진입자 또한 줄어들겠지.

중요한 투입자원을 확보하기가 어렵다는 것은, 예를 들어서 제품을 만들기 위해서 꼭 필요한 기술이나 인력, 혹은 재료를 구하기가 너무 어렵다는 것이고, 그러면 사업을 시작할 수가 없으니 진입장벽이 올라가는 거고."

"그렇구나."

홍 대리가 재미있다는 표정을 지어 보였다. 이상하게 정말로와 이야기를 하는 것이 그는 너무나 재미있었다. 정말로의 말을 잠시 생각하던 홍 대리가 고개를 갸웃거리면서 이야기했다.

"진입장벽이 올라가면 이 시장에 뛰어드는 경쟁자가 줄어들 테니 더 매력적이라는 건 이해가 되는데 말이야, 여기서 좀 애매하게 느껴지는 것이 '강력한 브랜드'야.

강력한 브랜드가 잠재적 진입자에게 영향을 미친다는 것이 조금 이해가 안 돼. 어떤 산업에 강력한 브랜드가 존재한다면 그건 어떤 면에서는 더 매력적으로 보이지 않을까? 그래서 그 시장에 더 진입하고 싶은 마음이 생길 테니, 이는 진입장벽을 높이는 것이 아닐 것 같은데 말이야."

정말로가 말했다.

"이미 그 시장에 강력한 브랜드가 있다면 다른 경쟁자들이 보기에 너무 어려운 싸움이 될 것 같다는 생각이 들지 않을까? 그러니 강력한 브랜드를 쌓는다면 그것이 잠재적 진입자를 없애주는 역할을 할 수도 있겠지.

이렇게 생각해봐도 될 것 같아. 골키퍼 있다고 골이 안 들어가는 건 아니겠지만, 만약에 정말 마음에 드는 여자를 만났는데 그 여자에게 남자친구가 있다고 생각해봐. 그러면 그 남자친구가 멋있을수록 그 여자한테 집적대는 남자의 수가 줄어들겠지? 해봐도 안 될 것 같으니까 웬만한 자신감 없이는 진입을 안 하는 거야. 그럼 일난 신입자가 줄어들겠지.

아, 나는 어쩌면 이런 설명도 이렇게 잘하냐?"

정말로는 스스로가 대단하다는 듯한 표정으로 말했다. 홍 대리가 생각해보니 정말로에게 남자친구가 있는지 물어본 적이 없었다.

"참, 근데 너는 남자친구 있어?"

홍 대리가 애서 아무렇지도 않은 표정으로 물었다.

"참 빨리도 물어본다. 있을 거 같아, 없을 거 같아?"

"글쎄……."

"사실은 아주 아주 오래된 남자친구가 있지. 운명처럼 만난. 아마 올해 안에 결혼하게 될 거야. 내가 목표를 그렇게 잡았거든. 내가 제대로 목표를 설정해서 전략을 펼쳤을 때 성공하지 않은 경우가 없거든."

'결혼할 남자친구가 있다고?'

홍 대리는 괜히 심통이 났다.

"야, 뭐 결혼이란 게 그렇게 쉽냐? 네가 '해야지' 마음먹는다고 다 되면 세상에 사랑 때문에 고민하는 사람 아무도 없게? 세상일 어떻게 될지 모른다? 너무 장담하지 말아라!"

홍 대리는 어이 없다는 듯 말하면서 오늘 찾아온 맛집 메뉴인 해물찜에 들어 있는 해물들을 먹기 좋게 쓱쓱 잘랐다.

"그건 그래. 사실 나도 목표를 설정하면서 조금 고민했던 부분이 그거거든. 세상일이나 사람 마음이 내 마음대로 안 된다는 거. 모든 전략과 기술을 동원해서라도 한번 해보는 거지, 뭐. 안 되면 할 수 없고!"

정말로는 홍 대리가 잘라놓은 해물을 맛있게 먹다가 다시 파이브 포스 모델이 그려진 종이를 보면서 홍 대리에게 물었다.

"그런데, 전환장벽에는 뭐가 있을까?"

정말로의 질문에 아직 심통이 풀리지 않은 홍 대리가 말했다.

"치, 내가 그것도 모를까 봐? 지난번 우리가 갔던 떡볶이 가게만 해도 무한리필 즉석 떡볶이 가게가 여러 곳 있었잖아. 그런데 우리가 갔던 가게에서 우리한테 쿠폰을 발행해주었으니, 우리는 다른 가게로 가기보다는 그 집으로 다시 가겠지. 이런 것도 전환장벽이 되지 않을까?"

"맞아! 전환장벽이란 말 그대로 고객이 다른 제품이나 서비스로 '전환하지 못하도록 하는 장벽'을 말하지. 예를 들어, 어떤 고객이 한 기업에서 제공하는 이메일 서비스를 이용하고 있다면 다른 기업이 이메일 서비스를 제공한다고 해도 사용하던 이메일을 바꾸기가 쉽지 않겠지. 바로 이런 것이 전환장벽의 대표적인 예라고 할 수 있고, 네가 이야기한 것처럼 커피전문점 같은 곳에서 쿠폰을 찍어주거나 할인마트나 신용카드사에서 이용금액에 따라 마일리지를 쌓아주는 서비스 같은 것도 다른 기업으로 고객이 빠져나가는 것을 막는 전환장벽이 될 수도 있겠지."

그런 이야기를 들으면서 홍 대리는 지금 앞에 앉아 있는 정말로의 주변에 두꺼운 벽돌로 벽을 쌓아 다른 데 못 가게 하는 이상한 상상을 했다.

홍 대리는 고개를 휘휘 저었다. 홍 대리가 어떤 딴 생각을 하고 있는지도 모른 채 정말로는 이야기를 계속 했다.

"만약에 이렇게 전환장벽이 높다면 다른 경쟁자들이 진출하기가 쉽지 않겠지. 소비자를 빼앗아 오기가 쉽지 않을 테니까. 그러니까 그 시장은 더욱 매력적인 시장이 된다는 말이지."

정말로는 홍 대리를 한번 쓱 쳐다보고 이야기를 계속했다.

"그리고 대체재의 위협이 있고 대체재가 많을수록 그 시장은 매력적이지 않겠지? 대체재가 많을수록 소비자는 선택의 폭이 넓을 것이고 그러면 제품이나 서비스의 가격이 점점 내려가게 될 거니까 말이야."

'정말로 너의 남자친구를 내가 대체하면 안 되겠니?'

정말로의 이야기를 듣고 있던 홍 대리는 마음 깊숙이 싹트는 진심을 모른 채 하기가 힘들었다.

"그다음으로 공급자의 교섭력과 구매자의 교섭력이 있어. 공급자의 교섭력이란 '공급하는 쪽에서 얼마나 힘을 가지고 있는가' 하는 거지. 반대로 구매자의 교섭력은 '구매하는 쪽이 얼마나 힘을 가지고 있는가' 하는 문제라고 볼 수 있어.

그러니까 공급자의 협상력이 강해지는 경우는 제품을 취급하는 경쟁사가 적을수록, 공급자의 제품 수요가 높을수록, 그리고 타제품으로 대체가 되지 않을 때가 되겠지.

예를 들어 우리나라 철강산업의 경우, 대표적인 P기업 외에는 딱히 다른 큰 경쟁자가 없지? 이럴 경우 그 기업은 공급자로서의 교섭력을 가지게 되는 거야.

철강을 이용해서 제품을 만들어야 하는 기업이라면 반드시 철강을 구매해야 하는데, 만약에 P기업이 공급을 하지 않겠다고 한다면 딱히 다른 대안이 없는 것이지. P기업은 '마음에 안 들면 다른 곳에서 사든가!' 하면 되는데, 다른 데서 철강을 구할 수가 없으니 어쩔 수 없이 P기업에게 공급을 받아야 하고 그러니 공급자의 힘이 강해지는 거겠지."

정말로의 이야기를 너무나 잘 듣고 있는 건지 완전히 딴생각을 하고 있는 건지, 홍 대리의 머릿속에선 정말로가 멋지고 강한 남자친구 옆에 서서 '홍인범 너 마음에 안 드니 저리 가!'라고 외치는 상상이 펼쳐졌다.

'네가 점점 나보다 힘이 세지는 느낌이야.'

정말로는 아무것도 모른 채 계속 이야기를 했다.

"반대로, 우리나라 전자제품 시장을 예로 들어보자. 네가 근무하는 세별전자는 강력한 구매자의 교섭력을 가지고 있지. 너희 회사에 부품을 판매하고자 하는 기업 입장에서는 부품을 공급하기 위해서 엄청난 노력을 할 테니까. 이럴 경우 세별전자는 강력한 구매자의 교섭력을 가지게 된다고 볼 수 있는 거야."

'그래, 너는 이미 나에게 강력한 교섭권을 가지게 되었나 봐.'

홍 대리는 자기도 모르게 솟아오르는 생각들에 갑자기 힘이 쏙 빠졌다. 정말로가 이야기를 마무리했다.

"이러한 요소들과 기존 기업들과의 경쟁 정도가 합쳐지면 이것으로 시장의 매력도를 분석할 수가 있지."

"그런데 정말 빈틈없이 매력적인 '완벽한 시장'이 존재할까? 진입장벽도 없고 대체재의 위협도 없고 구매자나 공급자의 힘의 균형도 내 마음대로 조정할 수 있고 경쟁강도도 낮은 그런 매력적인 시장이 존재하기는 할까?"

홍 대리가 완벽하게 매력적인 자신의 모습을 상상하면서 물었다. 정말로가 말했다.

"글쎄, 세상에 어디 완벽한 것이 있겠냐? 만약에 정말 그게 가능하다면 그 시장이야말로 진정한 블루오션이겠지."

'블루오션이라.'

홍 대리는 문득 푸른 바다가 보고 싶어졌다.

"정말로, 우리 바다 보러 갈래?"

둘 다 내일 출근해야 하는 사람들이기에 안 될 걸 뻔히 알면서도 홍 대리는 이야기를 꺼내봤다. 정말로가 그를 쳐다보면서 말했다.

"그럴까?"

정말로는 진심인지 농담인지 홍 대리를 향해 묘한 웃음을 지었다. 그러자 홍 대리가 오히려 당황스러웠다.

"아, 정말?"

"야, 내일 출근 때문에 가자고 해도 못 갈 거면서. 그냥 마음만 블루오션 갔다 오자!"

정말로와 홍 대리는 서로를 바라보면서 웃었다.

산업환경을 분석하는 5가지 힘, 파이브 포스 모델

산업이 구조적으로 어떤 특성을 가지고 있는지 파악하는 것은 매우 중요하다. 해당 산업에서 성공하기 위한 전략을 수립하기 위해서 그 산업이 얼마나 매력이 있는지, 즉 이익을 창출할 수 있는지를 알 수 있기 때문이다. 산업구조를 분석함으로써 경쟁 강도 및 산업의 매력도를 파악할 수 있고, 경쟁의 주요 원인을 파악할 수 있으며, 미래의 환경을 예측하고, 경쟁사 동향을 파악할 수 있다.

마이클 포터는 5가지 힘으로 산업환경을 분석할 수 있도록 산업구조 분석 모델을 제시했는데, 여기에서 5가지 힘이란 특정산업의 경쟁질서를 결정하는 요인을 말한다. 그것은 ①기존 경쟁자와의 경쟁, ②잠재적 진입자의 위협, ③공급자의 힘(교섭력), ④구매자의 힘(교섭력), ⑤대체재의 위협이다.

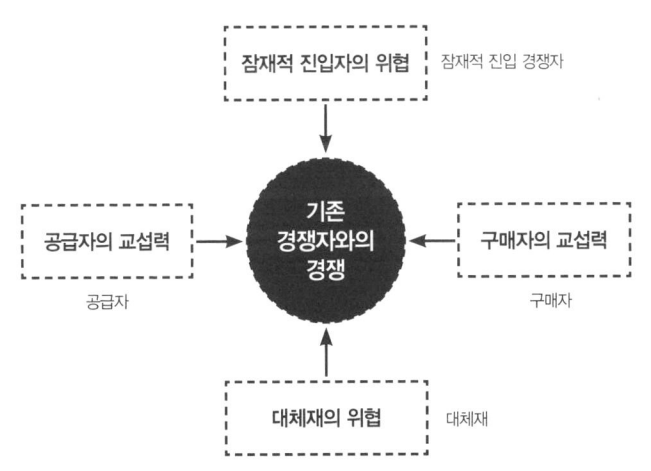

229

- **기존 경쟁자와의 경쟁**

기존 경쟁자와의 경쟁은 경쟁에서 이기기 위한 여러 가지 전략으로 나타난다. 예를 들어 가격 인하, 신제품 출시, 광고, 고객 서비스강화 등이 있다.
- 경쟁업체의 수: 경쟁업체가 많을수록 경쟁 강도는 높아진다. 따라서 산업의 매력은 감소한다. 경쟁자의 수는 시장의 크기에 영향을 받는데, 당연히 시장의 크기가 클수록 더 많은 경쟁자가 존재할 가능성이 크다.
- 제품차별화의 가능성: 제품을 차별화하기 어려울수록 기업은 가격경쟁에 의존하게 된다. 따라서 제품차별화가 낮은 산업일수록 기업 간 경쟁이 심화된다.
- 높은 자본 투자로 구조적인 고정비용의 비중이 높은 경우: 고정비용이 클수록 가동률을 높이려는 압력을 받게 되고 무리한 물량전쟁으로 인해 지나친 가격인하 경쟁으로 치닫게 된다.
- 퇴출장벽이 높은 경우: 퇴출장벽이 클수록 기업들은 사업에서 손을 떼기가 어려워진다. 배수의 진을 치고 경쟁에 임하게 되므로 경쟁은 더 치열해진다.
- 산업의 성장이 느릴 경우: 산업의 성장이 느려지면 기존 기업 간의 경쟁은 더욱 치열해진다. 특히 산업의 수명주기상 성장기에서 성숙기로 넘어갈 때, 이미 제품의 차별화는 상당히 상실되며 그로 인해 양적 성장을 통한 시장점유율 경쟁은 더욱 심해진다. 이 경우에 기업들은 시장을 뺏거나 방어하기 위해 치열한 경쟁을 치르게 된다.
- 전략적 이해관계: 전략적 이해관계가 높으면 경쟁이 치열해진다. 예를 들어 삼성전자와 LG전자의 국내 가전 1위 싸움의 경우 회사 전체에 미치는 영향이 전략적 측면에서 매우 중요하기 때문에 경쟁은 더욱 치열할 수밖에 없다.

이러한 기존 경쟁자 간의 경쟁 요인들은 기존 경쟁자뿐만 아니라 새로운 진입자들이 시장에 진입할 때 고려해야 하는 사항이기도 하다.

• **잠재적 진입자의 위험**

잠재적 진입자란 현재는 동종 산업에 속해 있지는 않지만 새로이 사업에 진출하여 실제적인 경쟁기업으로 될 가능성이 있는 기업을 말한다. 이런 잠재적 진입 기업이 산업에 들어올 수 있는 가능성이나 범위, 속도를 줄이는 장애요인을 '진입장벽'이라고 한다. 당연히 진입장벽이 높을수록 후발주자가 산업에 진출하기 힘들어진다.

- 규모의 경제: 특히 자본집약적이며 연구개발 투자가 많이 소요되는 산업에서는 규모의 경제가 크게 작용하기 때문에 규모의 경제를 이룰 수 없는 기업들은 시장진입을 쉽게 결정할 수 없다.
- 제품 차별화: 제품 차별화가 잘되어 있는 시장에서 기존 기업들은 신규 기업들에 비해 브랜드 충성도를 가지고 있기 때문에 신규 기업들은 자사의 제품을 판매하기 위해 엄청난 광고비를 추가로 지출해야 한다. 따라서 제품 차별화가 잘되어 있는 시장이라면 잠재적 진입자의 진입장벽이 될 수 있다.
- 소요 자본: 신규 기업이 새로이 진출하는 데 필요한 투자액이 큰 경우에는 소수의 기업만 투자가 가능하다. 따라서 가지고 있는 자본이 적다면 진입하기가 힘들어진다. 예를 들어 조선업종이나 항공산업은 초기 설비투자가 매우 크기 때문에 그 시장이 아무리 매력적이라고 하더라도 새로이 진입을 하기에는 상당한 무리가 따른다.
- 교체비용(전환비용): 제품의 구매자가 기존 제품을 다른 기업의 제품으로 바꿀 때 부

담해야 하는 비용을 말한다. 교체비용이 커질수록 새로운 진입자가 이를 극복하기는 어려워질 것이다.
- 유통경로의 접근: 기존 기업들은 이미 강력한 유통채널을 확보하고 있으나 신규 기업들은 이러한 유통채널을 확보하지 못할 때 진입장벽이 될 수 있다.
- 정부의 제도적 정책: 정부의 규제는 신규 기업의 진입을 막는 가장 효과적인 진입장벽이 될 수도 있다. 예를 들어 재벌기업들에게 은행소유 제한 정책을 편다거나 방송 및 정보통신사업에 진출하려면 정부의 허가를 통해야 하는 경우 등이 이에 해당된다.
- 절대적인 원가 우위: 기존 기업들이 신규 기업에 비해 독점적인 생산기술을 확보하거나 원료를 싸게 구입하는 등 절대적인 원가 우위를 가지고 있다면 신규 기업들은 이에 대한 어려움이 발생할 것이다.
- 상표 충성도(Brand loyalty): 소비자들이 기존 기업의 상표에 대한 충성도가 높을수록 잠재적 진입자에게는 진입장벽으로 작용하게 된다.
- 기존 기업들의 보복: 새로운 산업에 진입하려는 기업은 진입장벽을 넘기 전에 기존 기업들이 어떤 반응을 보일 것인가를 예상해봐야 한다. 만약 기존 기업들이 잠재적 진입자의 진출에 대하여 강력하게 대응하거나 보복을 하게 된다면 큰 어려움을 겪을 수도 있기 때문이다.

• **공급자의 교섭력**

공급자들이 구매자보다 유리한 위치를 점하고 있다면, 즉 파는 쪽이 사는 쪽보다 더 힘이 세다면 파는 쪽에서는 가격을 인상하겠다거나 판매하는 제품이나 서비스를 떨어뜨리겠다는 위협을 통해 교섭력을 발휘할 수도 있다.
- 공급자의 비중: 공급자가 독점이나 독과점 형태로 집중되어 있다면 공급자의 교섭력은 강해진다. 파는 쪽이 안 판다고 하면 그만이기 때문이다.
- 원료 및 부품의 차별화 정도: 만약 공급자가 제공하는 제품이 차별화되어 있다면 당연히 공급자의 교섭력이 커진다. 차별화가 되어 있으면 다른 곳에서 구하기 힘들어지므로 공급자의 힘이 커질 수밖에 없다.
- 대체품의 존재 여부: 만약 공급자가 제공하는 제품에 대하여 대체품이 존재한다면 공급자의 교섭력은 약해질 것이다. 하지만 대체품이 존재하지 않는다면 독점적 위치를 점할 수 있어 공급자의 교섭력은 강화된다.

• **구매자의 교섭력**
구매자들은 가격 인하, 품질 향상, 서비스 증대 등을 공급자에게 요구한다. 이때 구매자의 교섭력을 강하게 만드는 요인은 공급자의 교섭력을 강하게 만드는 요인과 정반대라고 볼 수 있다.
- 구매자들의 가격 민감도: 구매자들이 자신이 구입하는 제품의 가격에 대하여 매우 민감하다면 어떻게든 자신들의 협상력을 강화시키려 할 것이며, 가격에 따라 구매하는 곳을 변경할 수도 있다. 그러나 공급자를 바꾸는 데에 많은 교체비용이 든다면 구매자의 교섭력은 떨어질 것이다. 또 제품차별화가 심할수록 구매자의 가격의 민감도는 낮아지고 제품의 차별화가 덜 되어 있을수록 가격의 민감도는 높아진다.
- 집중적 구매: 구매자가 구매하는 물량이 공급자의 물량 중에 상당한 부분을 차지

한다면 구매자의 교섭력은 커진다. 특정 구매자가 사라질 경우 공급자는 큰 타격을 입을 수 있기 때문이다.
- 구매자의 정보력: 구매자들이 수요 상황이나 시장의 실제 정보, 공급자의 원가구조까지 파악하고 있다면 구매자들은 강력한 협상력을 발휘할 수 있다.
- 구매자의 교체 비용: 구매자들은 공급자를 변경하는 교체비용이 들지 않을 경우 교섭력을 확보할 수 있다. 그러나 교체비용이 많이 드는 경우라면, 구매자들은 울며 겨자 먹기식으로 기존의 제품을 구매할 수밖에 없기 때문에 구매자의 교섭력은 약해질 것이다.
- 구매자의 후방통합 능력: 구매자가 원하는 원자재를 구입하는 대신 직접 생산할 수 있는 능력을 갖출 수 있다면 구매자의 교섭력은 강화된다.

• **대체재의 위협**

대체재란 '동일한 기능을 수행하는 이질적 제품'이다. 따라서 대체재를 찾고 싶다면 그 기업과 경쟁하는 제품을 찾으면 된다. 그러나 오늘날 대체재의 개념은 매우 광범위하게 적용되어 얼핏 보면 무관한 산업이나 제품이라도 새로운 경쟁 영역으로 들어올 수가 있다. 대체재가 많을수록 기업들은 자신의 제품이나 서비스에 더 높은 가격을 받을 수 있는 가능성이 줄어들게 된다.
- 소비자들의 교체비용: 소비자들이 쉽게 대체재로 옮겨갈 수 있다면 대체재의 위협은 커진다. 특정 제품이 상표 충성도가 높을수록 대체재의 위협은 문제가 되지 않으나 제품의 차별화가 크지 않고 가격의 민감도가 높은 경우에는 대체재의 위협은 커지게 된다.

– 대체재의 가격 및 효능: 대체재가 가지고 있는 유용성이 클수록 소비자들은 교체 매매를 서두르게 되고 기존 기업들은 기존 시장을 잠식당하게 된다.

이렇게 포터의 산업구조 분석모형을 사용하면 산업의 매력도를 결정하는 요인이 무엇인가를 알 수 있다. 그리고 이러한 분석을 바탕으로 산업의 매력도를 높이기 위해 기업이 어떤 사업전략을 사용할 것인가를 찾아낼 수 있다.

예를 들어 기존 경쟁자, 잠재적 진입자, 대체재의 위협에 대처하려면 진입장벽을 높여서 경쟁 정도를 낮추는 전략이 필요하다. 구매자와 공급자의 교섭력에 대응하려면 판매가격을 극대화하고 구매가격을 최소화하는 전략으로 기업의 경쟁력을 키워나가야 한다.

어떻게 확실하고 상세하게 분석할 것인가?

"자, 이제 준비단계는 끝났으니 본격적으로 전략을 수립해야 겠지?"

토요일 오후에 시내의 한 닭갈비 가게에서 만난 정말로가 말했다.

"이제 겨우 준비단계가 끝났다고?"

마지막 단계에 이르렀다고 생각했던 홍 대리는 깜짝 놀라서 물었다. 하지만 한편으로는 앞으로도 정말로를 만날 날이 많이 남았다는 생각에 다행스럽고 즐거운 마음이 들기도 했다. 정말로가 대답했다.

"그래, 이제 겨우 준비단계가 끝난 거지. 전략 수립의 기본 과정이 어떻게 되는지 알아? 간단하게 말하자면 경영이념을 정하고 환경분석, 즉 외부분석과 내부분석을 시행하고 그에 따라 전략을 수립한 다음 전략을 실행하고 그 결과를 리뷰하는 것으로 정리할 수 있지. 그러니 정말 중요한 것은 지금부터야."

홍 대리는 본격적인 전략 수립에 앞서 살짝 기분 좋은 긴장감이 들었다.

"자, 각종 전략들은 외부환경과 내부환경을 분석한 결과를 토내로 수립해. 이때 강점(Strength), 약점(Weakness), 기회(Opportunity), 위협(Treat)의 영단어 머리글자를 따서……."

그녀의 말을 끊고 홍 대리가 소리쳤다.

"스왓(SWOT) 분석!"

"그래 맞아. 가장 기본적으로 스왓 분석을 할 수 있지."

정말로가 웃으면서 빈 종이에 큰 네모 4개를 그린 다음 네모칸마다 강점, 약점, 기회, 위협이라고 썼다.

"흔히들 이런 네모칸으로 그리지?"

강점	약점
기회	위협

홍 대리도 많이 보아왔던 그림이기에 스왓 분석에 관해서는 자신이 있었다.

"그런데 스왓 분석을 자주 하는 사람들도 의외로 잘못하는 경우가 많아. 여기에서 강점과 약점은 내부환경을 분석해서 도출해야 해. 그러니까 자사의 강점과 약점을 나타내야 하는 것이고, 기회와 위협은 외부환경을 분석해서 도출해야 해.

그런데 이걸 혼동해서 기회를 강점으로 보고 약점을 위협으로 보는 실수가 흔히 일어나기도 하지."

"그렇구나."

그러고 보니 홍 대리도 가끔 스왓 분석을 할 때 빈 칸을 채울 것이 없으면 이것저것 대충 가져다 붙였던 생각이 났다.

"몇 가지 좋은 예를 들어줄게."

정말로는 그려놓은 빈칸 위에 '코카콜라'라고 쓰고 칸을 채워가기 시작했다.

"아주 오랫동안 글로벌 브랜드 가치로 세계 최고를 유지한 코카콜라를 예로 들어봤어. 어때?"

코카콜라의 스왓 분석

강점	약점
① 세계에서 가장 높은 브랜드 가치 ② 가장 큰 음료회사 ③ 강력한 마케팅 및 광고	① 탄산음료에 치중 ② 부정적인 평판 ③ (펩시에 비해) 다각화 부족 ④ 표준화의 한계

기회	위협
① 음료시장 지속 성장세	① 탄산음료 산업의 경쟁 심화
② 새로운 음료에 대한 수요 증가	② 새로운 음료에 대한 수요 증가
③ 재료 가격의 하락	③ 강력한 현지 브랜드 존재
④ 편의점 등 새로운 유통 경로의 확대	④ 소비자의 건강지향적 트렌드 증가
⑤ 스포츠 마케팅 시장 성장	

정말로가 물었다. 홍 대리는 정말로가 적어놓은 글을 보면서 말했나.

"뭐가 어떻긴 어때? 아주 잘했어요."

홍 대리는 장난스러운 표정으로 어린아이를 칭찬하듯 정말로의 머리를 쓰다듬었다. 정말로가 장난스레 눈을 흘기며 말했다.

"너무 주관적이라는 생각이 들지 않아?"

"그런가?"

정말로의 말을 듣고 보니, 또 그런 것 같기도 했다. 정말로가 설명을 했다.

"스왓 분석은 단순하고 적용하기 쉬워서 전략을 도출해내는 데 매우 유용한 도구이긴 하지만, 한계가 많다는 것도 알아야 해. 먼저, 각 요인들을 찾아내고 그것을 강점, 약점, 기회, 위협 중 하나로 정하는 것은 매우 주관적일 수도 있거든.

현실적으로는 사람에 따라 어떤 한 가지 요소를 강점 혹은 약점으로 볼 수도 있고 기회 혹은 위협으로 볼 수도 있고 말이야. 내가 새로운 음료에 대한 수요 증가를 기회에도 적어놓고 위협에도 적어놨는데 그거 알고 있었니?"

"어, 그랬네?"

홍 대리가 다시 보니 정말 그랬다.

"그런데 더 큰 문제는 스왓 분석만으로는 구체적인 전략을 만들지 못한다는 거야. 스왓 분석은 말 그대로 분석일 뿐이야. 분석을 토대로 전략을 제대로 세워야 해."

"맞아. 그러고 보니 나도 늘 스왓 분석만으로 끝나는 경우가 많았던 것 같아."

"스왓 분석을 이용해서 전략을 도출하는 방법에는 이런 것이 있지."

정말로는 또 종이에다가 그림을 쓱쓱 그리고 글을 써 내려갔다.

내부 전략적 요소

	강점	약점
외부 전략적 요소 기회	강점-기회전략	약점-기회전략
위협	강점-위협전략	약점-위협전략

"먼저 스왓 분석으로 도출한 요인을 기반으로 전략을 정리해야 해. 강점을 이용해서 기회를 포착하는 것을 강점-기회전략

(SO전략)이라고 하고, 약점을 보완하여 기회를 포착하는 것을 약점-기회전략(WO전략), 그리고 강점을 이용하여 위협을 회피하는 전략을 강점-위협전략(ST전략), 약점을 보완하여 위협을 회피하는 전략을 약점-위협전략(WT전략)이라고 하지."

홍 대리는 정말로가 그린 그림을 바라보았다. 점점 더 전략이라는 놈이 좋아지는 듯했다. 정말로처럼 말이다. 홍 대리는 정말로의 모습을 물끄러미 바라보았다. 정말로는 그런 홍 대리를 보면서 말했다.

"그러니까, 최종적으로는 이런 모습이 되겠지? 스왓 분석으로 도출한 요인을 각각 해당하는 칸에 정리를 하고 그에 맞게 SO전략과 WO전략, 그리고 ST전략과 WT전략을 정리하면."

그러다가 정말로는 홍 대리가 제대로 듣지 않고 있다는 것을 깨닫고는 물었다.

"야, 너 내 말 듣고 있는 거야?"

그러나 홍 대리는 정말로의 말도 듣지 못한 채 멍하니 그녀의 얼굴만 바라보고 있었다.

"야, 정신 차려!"

정말로가 소리쳤다.

"응? 응."

홍 대리가 정신을 차리고 보니, 정말로의 얼굴이 바로 그의 코앞에 있었다. 홍 대리는 얼굴이 빨개진 채 어찌할 바를 몰랐다.

홍대리의
전략설계
노하우 15

종합적으로 고려해 분석하라, 스왓 분석

스왓 분석은 기업의 내부 및 외부환경분석을 통해 정리한 결과다. 스왓 분석은 1960~1970년대 미국 스탠포드대학에서 연구 프로젝트를 이끌었던 알버트 험프리(Albert Humphrey)에 의해 고안된 전략개발 도구로 이해하기 쉽고 간단해서 전 세계적으로 확산되었다.

S: 우리의 강점은 무엇인가	W: 우리의 약점은 무엇인가
- 유리한 시장점유율 - 높은 생산성 - 안정적인 공급채널 - 자금조달능력 - CEO의 경영능력 - 독점적 기술 - 높은 직무만족도 - 규모의 경제	- 협소한 제품군 - 브랜드 이미지 약화 - 연구개발 부족 - 불리한 공장 입지 - 낮은 광고 효율 - 낙후된 설비 - 종업원의 고령화 - 수익성 저하
O: 우리에게 기회는 무엇인가	T: 우리에게 위협은 무엇인가
- 높은 경제성장률 - 낮은 진입장벽 - 시장의 빠른 성장 - 경쟁 기업의 쇠퇴 - 새로운 고객 집단 출현 - 신 시장 등장 - 유리한 정책, 법규, 제도 - 새로운 기술의 등장	- 새로운 경쟁기업 출현 - 무역규제 - 불리한 정책, 법규, 제도 - 경기 침체 - 시장성장률 둔화 - 대체상품 개발 - 구매자, 공급자의 힘 증대

스왓은 강점, 약점, 기회, 위협으로 구성되어 있다. 이 중 강점과 약점은 내부환경분석을 통해 도출된 결과들(내부환경요인)이고, 기회와 위협은 외부환경분석을 통해 얻어낸 결과들(외부환경요인)이다. 스왓 분석을 통해 마케팅전략의 방향을 도출하기 위해서는 다음 4가지를 반드시 고려해야 한다.

① 우리는 무엇을 할 수 있을까? (기업의 역량에 관한 질문)
② 우리는 무엇을 하고자 하는가? (조직 및 사업의 가치에 관한 질문)
③ 우리가 무엇을 하게 될 것인가? (외부의 기회와 위협에 관한 질문)
④ 다른 사람들은 우리가 무엇을 하기를 기대하고 있는가? (기업을 둘러싼 이해관계자의 기대에 관한 질문)

기업들은 내부 및 외부환경분석의 결과를 가지고 위의 4가지를 고려하여 강점은 살리고, 약점은 보완하며, 기회는 활용하고, 위협은 억제하는 마케팅전략을 수립한다.

- **스왓 분석을 활용한 전략 도출과 방법**

스왓 분석을 통해 도출할 수 있는 마케팅 전략은 SO전략, ST전략, WO전략, WT전략 이렇게 총 4가지다.
- SO전략: 강점을 가지고 기회를 살리는 전략이다. 즉 자사의 강점과 시장의 기회를 결합하여 사업영역이나 시장, 사업포트폴리오를 확장하는 등 공격적인 전략을 구사하는 것이 SO전략이라 할 수 있다.
- ST전략: 강점을 가지고 시장의 위협을 회피하거나 최소화하는 전략이다.
- WO전략: 기업 내부의 약점과 기업 외부의 기회 요인을 결합하여 약점은 보완하고 기회는 살리는 전략이다.
- WT전략: 약점을 보완하면서 위협을 회피하고 최소화하는 전략이다. 대부분의 기업들은 원가 절감, 사업 축소 및 철수 전략 등 방어적인 전략을 구사한다.

위의 4가지 전략을 모두 선택하거나 4가지 전략 중 하나를 선택했다고 해서 나머지 전략을 버리는 것은 아니다. 자원은 한정되어 있고 유한하다. 기업의 내부 및 외부 상황 또한 정체되어 있는 것이 아니라 끊임없이 변화하기 때문에 기업 전체 목표와의 적합성, 전략의 실행 가능성, 경쟁자와의 차별성, 전략의 상대적 중요성 등을 종합적으로 고려하여 하나의 핵심 전략을 선정하고 실행하되 꾸준한 시장 내 모니터링이 중요하다. 시장 상황이 변화하면 변화된 상황에서 최적화된 전략을 핵심 전략으로 선정해야 한다. 이것이 스왓 분석을 통한 전략 활동이다.

정확하게 평가하고 통제하라

"홍 대리, 최 과장. 회의실로 좀 와봐."

어중간 부장이 말했다. 홍 대리는 최 과장의 뒤를 따라 회의실로 들어갔다.

"최 과장, 홍 대리에게 그거 지시했어?"

어중간이 최강수에게 물었다.

"네. 그런데 홍 대리가 그럴 능력이 될지……. 이야기했는데 제대로 못하더라구요."

최강수 과장이 말했다. 이건 또 무슨 이야기인가, 그거라니? 홍 대리는 알지도 못하는 이야기를 두 사람이 나누고 있었다.

"그래?"

어중간 부장은 다시 홍 대리를 보며 말했다.

"홍 대리, 모바일 사업부 구조조정 전략 못하겠어?"

"네?"

이건 또 무슨 말인가? 모바일 사업부 구조조정 전략이라니? 홍 대리는 영문을 몰라 최강수 과장과 어중간 부장을 번갈아 바라보았다.

"아, 그게……."

홍 대리가 당황하자 최강수가 말했다.

"내가 모바일 사업전략 준비하라고 했잖아? 내가 자세히 설명해줬는데도 잘 몰라서 못하겠다며?"

"아니, 그게……."

이게 지금 무슨 말인가? 최강수는 앞뒤 설명 없이 모바일 사업 전략을 준비하라고 했고, 홍 대리는 도출해야 할 전략의 배경과 목적, 기한 등 자세하게 업무지시를 해달라고 하지 않았던가?

"그때는 단순히 모바일 사업전략을 준비하라고 해서……."

홍 대리가 말하자 최강수가 무섭게 쏘아보면서 말했다.

"그래, 근데 홍 대리는 마케팅 부서 출신인데 어떻게 전체 모바일 사업을 다 이해하고 전략을 짜겠냐면서 못 하겠다고 했잖아?"

"아니, 그게 아니라……."

홍 대리는 당황스러웠다.

"그래, 모바일 사업부 출신인데 홍 대리가 직접 하기에는 아무래도 큰 부담이 되겠지. 그럼 이걸 어떻게 한다? 그래도 모바일 사업을 가장 잘 아는 홍 대리가 초안을 정리하는 것이 좋을 텐데."

어중간 부장의 말에 최강수 과장이 이야기했다.

"그럼, 제가 직접 하겠습니다."

어중간 부장은 고개를 저었다.

"안 돼. 지금 최 과장은 극비 인수합병 건으로 바쁘잖아. 최 과장은 거기에만 집중해."

최강수는 그의 말에 어쩔 수 없다는 듯 고개를 끄덕였다.

"홍 대리, 직접 하기는 힘들겠지만 모바일 사업부 구조조정안을 정리해봐."

어중간 부장이 홍 대리를 향해 말했다.

"홍 대리도 잘 알겠지만, 과거 몇 년간 우리 회사가 모바일 사업이 성장하면서 모바일 사업부의 덩치도 엄청나게 커졌지. 지난 몇 년간 모바일 사업부에서만 이루어진 인수합병 건수가 엄청나게 많아.

사업이 지속적으로 성장할 때는 승진도 많이 하고 사람도 많이 뽑고 부서도 많아지고 사업영역도 점점 더 넓어지지만, 올해처럼 더 이상 성장하지 않고 실적이 나빠지기 시작할 때는 더 어려워지기 전에 구조조정을 단행해야 한다고. 그 구조조정에는 사업영역뿐만 아니라 인력에 대한 구조조정도 포함되어야겠지."

어중간 부장의 이야기에 홍 대리는 마음이 무거워졌다.

"네, 부장님. 한번 해보겠습니다."

홍 대리가 대답하자, 최강수는 '네가 할 수 있겠어?'라는 눈빛으로 그를 바라보았다. 어중간 부장이 말했다.

"그래, 잘해봐. 그럼, 맥스턴 경영컨설팅 그룹에서 들어와 있는 정말로 컨설턴트를 만나서 함께 진행하도록 해."

'정말로 컨설턴트?'

홍 대리는 마음속으로 깜짝 놀랐다.

"사실은 우리가 경영전략 컨설팅을 받고 있는 건 우리 회사의 사업 구조조정과 관련되어 있어. 물론 컨설턴트들은 모바일 사업뿐만 아니라 우리 회사의 전사적인 부분을 보고 있지만 그래도 서로 협업해서 잘 진행하도록 해."

어중간 부장이 말하자 최 과장이 말을 이었다.

"거기 들어와 있는 컨설턴트들은 정말 똑똑하고 대단한 사람들인데 과연 홍 대리가 대응할 수 있을지 모르겠네요."

"나는 홍 대리가 잘해낼 거라고 믿어."

어중간 부장은 홍 대리의 어깨를 두드렸다. 그러자 최강수의 표정이 금세 어두워졌다.

"안녕하세요? 홍인범 대리님."

업무상 만난 정말로는 지금까지 알고 지내던 것보다 훨씬 더 대단해 보였다.

"네. 안녕하세요? 정말로 컨설턴트님."

홍 대리도 공식적으로 인사했다. 그러다 주변에 아무도 없다는 것을 확인하고 홍 대리가 말했다.

"네가 하는 경영전략 컨설팅 프로젝트가 구조조정과 관련된 거였어?"

"응……."

정말로는 고개를 끄덕였다.

"아무리 컨설팅 내용은 비밀이라지만, 너 나에게도 비밀로 하다니."

홍 대리는 조금 실망스러웠다.

"공과 사는 분명히 해야지. 너는 내 친구이긴 하지만, 세별전자에서 내가 하는 업무를 알아야 할 담당자는 아니니까. 그런데 이제 담당자로 지정되었으니 전부 말해도 되겠네. 야, 나도 속이 다 시원하다."

정말로는 편한 목소리로 말했다.

"그런데 전략과 관련된 일에 구조조정도 포함되는 거야?"

홍 대리가 물었다.

"응. 아주 중요한 일 중 하나지."

정말로가 대답했다.

"회사에서 전략을 준비해 실행을 할 때 그 도구가 되는 것이 바로 조직이야. 각자의 역할과 사람들 사이의 관계를 설정해주고 전략에서 의도하는 대로 필요한 자원이 필요한 곳에 배분되도록 하는 것이 바로 조직의 구조지."

"아, 그렇구나."

"그러니 전략과 맞지 않는 조직은 변화를 해야겠지. 조직이 변화하다 보면 어쩔 수 없이 사람도 변해야 하는 것이고."

정말로는 말끝을 흐렸다.

"사실, 나도 개인적으로는 이런 프로젝트 정말 하고 싶지 않아. 실적이 좋을 때 더 성장하기 위한 전략을 짜는 것은 더 많은 사람들에게 더 많은 기회를 주는 거니까 컨설팅을 하는 나도 기분이 좋아. 그런데 실적이 나쁠 때 그걸 평가해서 통제를 해야 하는 프로젝트는 결국 어떤 조직이나 어떤 사람들은 원하지 않는 변화를 강제로 겪어야 하거든."

그런 말을 들으니 홍 대리의 마음도 무거워졌다.

"어쨌건 일은 일이니까."

정말로가 다시 힘을 내어 말했다.

"무엇인가를 통제하기 위해서는 그 전에 평가를 정확히 해야 해. 그것이 사업이든 조직이든 사람이든 정확한 평가가 내려져야 그 평가에 따라 통제를 가하겠지? 평가가 잘못되면 통제를 받아야 할 사람이 받지 않고 통제를 받지 않아야 할 사람이 받게 되는 경우도 생기니까."

정말로는 계속 설명했다.

"성과를 측정하기 위해서 흔히 투자수익률(ROI, Return On Investment)을 활용해. 이것은 말 그대로 얼마를 투자하여 얼마의 수익을 냈는지를 측정하는 것이지.

지금 세별전자 전체를 분석해보면 모바일 사업부의 성과가 역대 최악으로 나오고 있어. 특히 모바일 사업부가 모바일폰 사업으로는 이익을 적게 얻은 것도 아닌데 기타 여러 가지 관련 사업에 너무나 많은 투자를 했어. 그 투자 중에 많은 부분이 실패했기 때문에 지금 정리를 하지 않으면 더 심각한 상황으로 빠질 수도 있고.

그래서 네가 그걸 정리하는 과정을 준비해야 하는 거야. 필요한 자료나 더 분석할 것이 있으면 나에게 이야기해."

정말로는 조금은 어두운 표정으로 홍 대리에게 말했다.

전략이 제대로 수행되었는지 평가하고 통제하라

기업에서 아무리 전략을 잘 수립했다고 하더라도 모든 부분에서 완벽하게 적용될 수는 없다. 따라서 전략이 실행될 때 제대로 평가하고 통제하기 위한 시스템도 만들어져야 한다.

평가하고 통제하기 위한 순서는 다음과 같다. 실제 성과를 측정한 다음, 성과와 원래 전략 목표를 비교하여 차이를 확인한다. 그 차이가 긍정적이든 부정적이든 원래 전략과 달라진 결과에 대한 원인을 분석한 다음, 그 결과를 토대로 다음 전략에 피드백을 하는 것이다. 그 과정에서 긍정적인 결과를 이끌어낸 조직이나 사람들에게는 보상이 주어져야 하고 부정적인 결과에 책임이 있는 조직이나 사람들은 불이익을 받게 된다.

조직 내에서의 통제 과정은 계획 수립과 밀접하게 연결되어 있다. 조직이 바라는 미래의 성과를 이루기 위해서는 통제를 통해 기대했던 성과와 실제 성과 간의 차이를 계속해서 평가하면서 의도된 방향으로 나갈 수 있도록 끊임없이 조정해야 한다. 통제 프로세스의 결과는 탁월한 성과에 대한 보상, 목표의 변화, 행동의 수정, 대안의 개발 등이다.

이때 주의해야 할 것이 있다. 실수를 용납하지 않는 통제 시스템은 조직을 보수적으로 만들어 현재 상태를 유지하는 데만 집중하도록 할 수 있다. 이러한 통제 시스템이 실패하는 경우는 다음과 같다.

- 잘못된 목표 설정: 처음부터 목표가 측정할 수 없는 것이거나 전부가 아니면 포기(all or nothing)하는 듯한 목표, 또는 흑백논리식의 목표로는 정확한 평가를 할 수가 없다.
- 정보처리 오류: 성과를 평가하는 데 필요한 자료를 이용할 수 없다거나, 조직별 시

스템이 제대로 갖추어져 있지 않아서 조직별 정보를 얻을 수가 없다거나, 조직 구조상의 문제로 정보 전달과 의사소통이 잘되지 않는 경우다.
- 성과를 평가하는 방식이 잘못된 경우: 성과를 평가하는 방식이 잘못되었거나 적절하지 못한 경우도 있을 수 있다.
- 부정적인 피드백이 지나치게 강요될 때: 부정적인 결과에 대한 불이익이 지나치게 강조되면 조직구성원들은 불확실한 위험부담을 줄이기 위해서 새로운 변화를 위한 동기부여를 덜 받게 된다. 책임지지 않기 위해서 위에서 지시한 일만 하려고 드는 보수적인 분위기가 조장되고 결국 좋은 성과를 얻기는 힘들어진다.

그렇다면 조직은 기대에 못 미치는 성과를 낸 사람들에 대해서 어떻게 해야 옳은 것일까? 실수나 실패에 대하여 부정적인 측면만을 강조하게 되면 앞으로 새로운 시도를 하는 사람은 줄어들게 된다. 반대로 조직이 실수나 실패를 혁신을 추구하는 과정에서 흔히 일어날 수 있는 일이라고 생각한다면 사람들은 문제해결을 위한 시도나 실험을 더 많이 할 수도 있다.

따라서 성과를 평가할 때 실수나 실패는 무조건 좋지 않은 것이라고 하기보다는 새로운 시도를 하면서 생길 수 있는 정상적인 것이라는 생각을 하는 것이 좋고, 향후 그것을 해결하기 위한 방안을 찾아내도록 하는 것이 옳다.

세별전자 모바일 사업의 전략을 수립하라

홍 대리는 모바일 사업부 구조조정을 위한 정확한 정보와 방법을 찾기 위해서 밤낮없이 매달렸다. 필요한 자료나 조언은 정말로 컨설턴트를 통해 받고 있었으나 정작 그녀를 개인적으로 만날 시간은 거의 없었다. 사석에서 정말로와 진행하던 전략 컨설팅은 흐지부지 없어져버렸지만, 대신 일 때문에 함께 미팅을 하고 협의를 하는 시간은 늘었다.

홍 대리는 모바일 사업부의 구조조정안을 위해 정말로가 알려준 정보를 처음부터 하나하나 정리해보았다. 먼저 홍 대리 나름대로 기본 원칙을 세워야 할 것 같았다.

'구조조정 그 자체가 목적이어서는 안 될 것 같아. 진정으로 모바일 사업과 회사를 위한 것이 무엇인지 처음부터 차근차근 생

각해보자.'

홍 대리는 구조조정보다는 진정으로 회사를 위한 것이 무엇인지를 고민하고 그에 대한 전략을 짜기로 했다. 그 과정에서 평가와 통제로 인한 구조조정안이 포함될 것이기 때문이다.

'단순히 모바일 사업부 전체의 실적이 나빠졌다고 해서 실적만을 두고 부정적인 평가와 통제를 강요하면 안 될 것 같아. 그 와중에서도 잘한 세부 조직과 사람은 반드시 있을 것이고 그런 부분에 대한 보상은 주어져야 하니까 말이야.'

홍 대리는 모바일 사업부 전체의 실적 악화로 인한 부정적인 내용보다는 그 와중에서도 잘해왔던 사업이나 조직, 사람들도 찾아내야겠다고 생각했다.

'악화된 실적에 대해서는 반드시 누군가가 책임을 져야 하겠지만, 실수나 실패에 대해서 지나치게 엄격히 평가하고 통제하지 않는 것이 좋겠어.

그렇게 된다면 앞으로 사람들은 실수나 실패를 하지 않는 쪽으로만 더 집중하게 될 것이고 새로운 혁신적인 시도는 하려고 하지 않을 거야.'

홍 대리는 악의적으로 의도하지 않은 실수나 실패에 대해서는 너그럽게 받아들여야 한다는 생각이었다. 만약 그렇지 않다면, 실수나 실패가 두려워서 누가 새로운 시도를 하려고 할 것인가? 대신 그 실수나 실패가 반복되지 않도록 하기 위한 방법을 찾는 것이 더 중요하다고 생각했다.

가장 먼저 홍 대리는 파이브 포스 모델을 통해 모바일 사업의 매력도를 분석해보았다. 홍 대리는 지난번 정말로를 통해 들었던 내용과 자신이 직접 찾아서 보충하여 정리한 노트를 꺼내어 가만히 들여다보았다.

'파이브 포스 모델에 의하면 여전히 모바일 산업은 매우 매력적이야.'

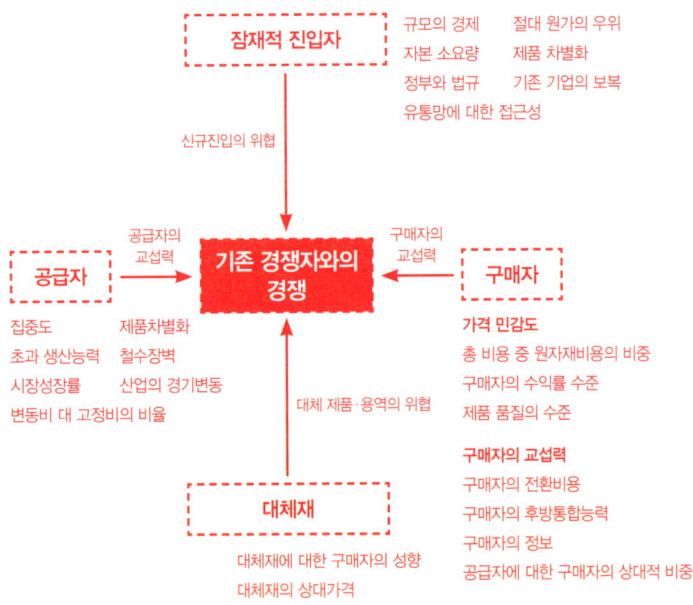

경쟁은 점점 더 치열해지고 있지만 세별전자는 규모의 경제 및 비용의 우위성, 제품차별화, 강력한 유통망 등 전 세계 최고

의 경쟁력을 가지고 있기 때문에 잠재적 진입자의 위협도 그리 크지는 않았다.

또 세별전자야말로 공급자와 구매자 모두에 대해 강력한 협상력을 가지고 있는 기업 아니던가? 또 아직 스마트폰이나 태블릿 컴퓨터를 대체할 수 있는 강력한 대체재는 없는 상황이었다. 산업 내 경쟁이 점점 더 치열해지고 있는 것은 그 누구도 부정할 수 없는 사실이지만, 여전히 모바일 사업은 세별전자에게 매우 매력적인 시장이었다.

'이렇게 매력적인 사업을 단지 최근 실적이 악화되었다는 이유만으로 포기하거나 줄일 수는 없어.'

홍 대리는 파이브 포스 모델 분석을 통해 모바일 사업의 매력도에 대한 확신을 가지게 되었다. 다음으로 홍 대리는 외부환경과 내부환경을 철저히 분석하기 시작했다. 이러한 자료는 이미 정말로 컨설턴트가 잘 정리해놓았기 때문에 많은 도움을 얻을 수 있었다.

홍 대리는 정말로와 스왓 분석에 대해서 이야기를 하고 난 후에 코카콜라를 예로 들어 스왓 분석을 했던 노트를 펼쳤다. 그리고 이번에는 세별전자의 모바일 사업에 대해 스왓 분석을 해보았다.

강점	약점
- 세별전자의 강력한 브랜드 - 세계 최고의 기술력 - 자체 운영체제 보유 - 강력한 글로벌 유통망 - 핵심 인재의 확보	- 빈약한 콘텐츠 - 하드웨어에 집중된 브랜드 이미지 - 최근 수익성 악화
기회	위협
- 글로벌 및 신흥시장의 지속 성장 - 새로운 운영체제 등장 - 콘텐츠와 서비스 시장 확대 - 저가 제품 시장의 성장 - 새로운 기술의 지속적 등장	- 신흥 경쟁자 지속 등장 - 경쟁 운영체제의 급격한 성장 - 특허 분쟁 심화 - 기술의 평준화 - 국내 경기 침체

홍 대리는 세별전자가 여전히 모바일 사업 시장에서 강력한 장점이 있고 많은 기회를 가지고 있다는 것을 알았다. 그는 전략을 도출하기 위해서 정말로가 그렸던 그림을 다시 꺼내어 바라보았다. 그리고 그 그림에 따라서 분석을 한 강점과 약점, 기회와 위협을 채워놓고 정리했다.

정리해보니 세별전자는 강력한 브랜드와 최고의 기술력, 글로벌 유통망을 이용하여 신흥 저가 시장을 확대하는 것이 가장 우선적으로 수행해야 할 과제였다. 또한 빈약한 콘텐츠를 보완해서 급격하게 확대되고 있는 시장에 대응하는 것 역시 우선적으로 보완해야 할 과제였다.

한편 현재 가지고 있는 세계 최고의 기술력을 활용하여 계속

	강점(S)	약점(W)
내부 역량 / 외부 환경	• 세별전자의 강력한 브랜드 • 세계 최고의 기술력 • 자체 운영체제 보유 • 강력한 글로벌 유통망 • 핵심 인재 확보	• 빈약한 콘텐츠 • 하드웨어에 집중된 브랜드 이미지 • 최근 수익성 약화
기회(O) • 글로벌시장 및 신흥시장의 지속적인 성장 • 새로운 운영체제 등장 • 콘텐츠와 서비스 시장 확대 • 저가 제품 시장의 성장 • 새로운 기술의 지속적 등장	**우선수행과제**(SO전략) • 강점 활용에 의한 기회 확대 방안 • 채널 확대, 세계화, 사업다각화 등	**우선보완과제**(WO전략) • 기회에 대응하기 위한 약점 보완전략 • 틈새시장, 기술개발, 사업다변화 등
위협(T) • 신흥 경쟁자 지속 등장 • 경쟁 운영체제의 급격한 성장 • 특허 분쟁 심화 • 기술의 평준화 • 국내 경기 침체	**리스크 해결과제**(ST전략) • 강점 활용에 의한 위협 최소화 • 전략적 제휴, 정보화, 품질 및 서비스 차별화	**장기보완과제**(WT전략) • 생존전략 (매각, 철수, 우회, 회피 등) • 유연한 조직 구축, 인재육성, 생산성 향상

해서 새로운 특허를 확보하는 것이 특허분쟁이 심화되는 시장에서의 해결과제였다. 장기보완과제는 강력한 신흥 경쟁자에 대응하기 위하여 하드웨어에 집중된 브랜드 이미지를 보완하는 것이었다. 홍 대리는 노트에서 BCG매트릭스 그림을 찾아서 바라보았다.

'현재는 우리 세별전자의 스마트폰이 전 세계적으로 가장 높은 시장점유율을 가지고 있지만, 스마트폰 시장의 성장률은 점점 하락하고 있어. 그러니 스마트폰이 우리 세별전자의 캐시카우임에는 틀림없지만, 미래의 스타가 될 사업을 찾아내야 해.'

홍 대리는 현재 세별전자 모바일 사업부에서 진행하고 있는 크고 작은 사업을 모두 찾아내 BCG매트릭스 내에 그려보았다.

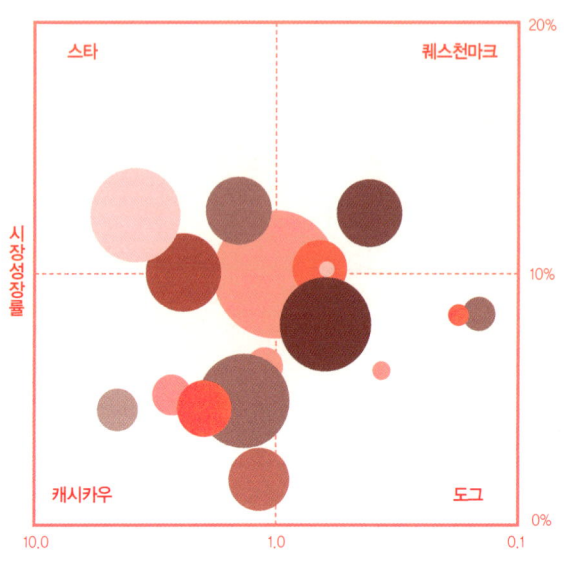

원의 크기는 현재 세별전자의 매출 크기를 나타내었다. 생각보다 철수해야 할 부분인 도그 영역에 많은 사업이 포함되지 않았다. 또한 최강수가 무리하게 진행했던 많은 사업과 인수합병한 사업들이 그리 나쁘지만은 않다는 사실을 알게 되었다.

'도그 영역에 있는 사업도 선택과 집중을 통해서 시장점유율을 올릴 수 있다면 다시 우리 회사의 캐시카우가 될 수 있어. 스타에 있는 사업도 시장성장률이 둔화되면 캐시카우 영역으로 가게 되니까, 퀘스천마크 부분의 사업은 선택하여 투자를 해서 스타로 보내든지 포기를 하든지 선택해야 해. 도그 영역에 있는 사업 중에 가능성이 없는 것은 과감히 철수를 해야겠지.'

홍 대리는 밤이 깊은 줄도 모르고 전략 수립에 집중을 했다.

5장
전략을 어떻게 현실로 만들 것인가?

작은 실수도 용납 마라,
회사는 전쟁터다!

"잘되고 있어?"

뭐가 그렇게 궁금한지 최강수 과장은 매일 같이 홍 대리에게 물었다. 내일이 어중간 부장에게 중간보고를 하는 날이니 오늘은 어쩐지 더 궁금한 모양새다.

"응, 뭐."

홍 대리도 고민이 많았다. 모바일 사업부의 전체적인 모습을 살펴보니 몇 년간 너무나 급격한 속도로 성장하여 여기저기에서 심각한 부실이 발견되고 있었다.

아무리 조심한다고 해도 나쁜 소문은 어디를 통해서든지 빠르게 퍼져간다. 이미 세별전자 내에서는 모바일 사업부에 대한 대대적인 구조조정이 있을 것이라는 소문이 퍼지고 있었다.

"뭐 필요한 것 있으면 나한테 말해. 내가 그래도 미래전략실에 오래 있었으니까 홍 대리한테 필요한 자료들이나 정보들 많이 가지고 있을 거니까 말이야. 홍 대리, 그러지 말고 우리 동기끼리 소주나 한잔할까?"

홍 대리에게 자신의 일을 떠넘기기에만 급급하던 최강수가 홍 대리를 도와주겠다고 한 것은 처음 있는 일이었다. 내일이 중간보고를 하는 날이긴 하지만, 그동안 열심히 준비해서 보고자료를 완성해놓았기 때문에 오늘 간단히 한잔하는 건 괜찮을 것 같았다. 그리고 홍 대리는 중간보고를 하기 전에 먼저 최강수에게 물어볼 말이 있었다.

"그래, 그럴까?"

"그럼 홍 대리, 요 앞에 포장마차 알지? 10분 뒤에 갈 테니 좀 있다 만나자고."

최강수는 사무실을 먼저 나갔다. 홍 대리는 작성하고 있던 중간보고 자료를 잘 저장한 다음 사무실을 나섰다.

회사 앞 포장마차에 먼저 도착한 홍 대리는 주의를 둘러보았다. 아직 최 과장이 오기 전이었다. 잠시 후 최 과장이 왠지 긴장한 표정으로 들어왔다.

오랜만에 서로 마주보고 앉은 두 사람은 조금 어색하고 제법 심각한 얼굴이었다.

"홍 대리, 우리 진짜 오랜만이다. 그치?"

굳어 있던 얼굴을 펴고 최강수가 비굴한 표정으로 말했다. 그러고 보니 미래전략실에 오기 전에는 가장 친한 동기 중 한 명이었는데, 미래전략실로 오고 난 후론 좋은 친구이자 동기를 한 명 잃고 대신에 적을 한 명 얻은 기분이었다.

"그러게, 정말 오랜만이다."

홍 대리의 마음 한 켠에 서운함이 밀려왔다. 조용히 소주를 한두 잔씩 기울이다가 최강수가 입을 열었다.

"그런데 말이야, 모바일 사업부 구조조정안은 좀 어때? 작년에 인수합병한 기업과 새로 시작한 사업에서 손실이 너무 많이 나고 있지? 그런 사업부들 다 정리해야 한다고 생각해? 그렇게 되면 손해를 보는 사람들이 너무 많을 텐데 말이야."

최강수는 무엇을 알고 싶은 것인지 홍 대리의 눈치를 보면서 말했다. 홍 대리도 말을 꺼냈다.

"응. 특히 작년에 진행한 인수합병과 새로 시작한 신규 사업에서 손실이 많이 나서 좀 더 자세히 알아보고 있었지. 그래서 말인데, 그것과 관련해서 나도 꼭 물어볼 말이 있어."

최 과장이 무슨 말인가 싶어서 불안한 표정으로 홍 대리를 바라보았다.

"작년에 최 과장이 진행한 인수합병 건들하고 새로 시작한 신규 사업들을 분석해보면 어떤 기업이 뒤에 숨겨져 있는데, 그 기업이 우리 회사와 협력을 하기 전에는 제대로 된 실적이나 연혁이 없는 유령기업 같거든. 혹시 그 내용에 대해서 알아?"

홍 대리의 질문에 최강수의 얼굴이 하얗게 변했다.

"뭐, 뭐라고? 숨겨진 기업이 있다고?"

"응. 파고들면 들수록 어떤 기업이 나오는데 주식회사 형태가 아닌 것들도 많고 투자나 지분 구조가 너무 복잡하게 되어 있어서 실체나 배경을 잘 모르겠더라고. 그건 그 일들을 진행한 최 과장만이 제대로 알 것 같아서."

"내, 내가 알긴 뭘 알아?"

최 과장은 말을 더듬으면서 화를 내었다.

"그걸 최 과장이 모르면 누가 알아? 최 과장이 자세히 알아보지도 않고 일 진행할 사람이 아니잖아."

홍 대리도 물러서지 않고 물었다.

"난……. 그게 옳다고 생각했을 뿐이야."

최강수가 차가운 목소리로 말했다. 최강수가 무슨 말을 하려는 것인지 몰라 홍 대리는 그를 물끄러미 바라보았다.

"그 당시에는 내가 추진하는 전략들이 성공해서 우리 회사의 스타가 될 거라고 믿었어."

"스타가 될 거라고 믿었다고?"

"그래. 모바일 사업부에서 스마트폰이 캐시카우 역할은 잘하고 있지만 결국 영원한 것은 없을 테고 우리 회사의 미래를 책임질 스타를 발굴해야 하잖아. 그걸 찾는 것이 미래전략실에서 나의 일이었다고."

최강수는 BCG매트릭스에서 캐시카우와 스타를 말하고 있는 것이었다. 최강수는 말을 이었다.

"모든 전략이 다 성공할 수는 없잖아? 난 회사의 미래를 위해서 전략을 세운 것뿐이었어. 그러니 홍 대리도 그런 부분에 대해서 이해를 해줬으면 좋겠어.

홍 대리라고 앞으로 자신이 세운 전략이 다 성공할 것 같아? 그렇지 않은 경우도 있을 수밖에 없어. 그렇게 서로가 잘못된 전략이라도 덮어주고 감싸주고 하는 것이 미래전략실에서 함께 일하는 진정한 의리 아닐까? 앞으로 홍 대리도 잘못된 전략을 수립하는 일이 있을 테니 그때 후회하지 말고 이번 내 일도 잘 정리해줬으면 좋겠어."

최강수 과장은 대체 무슨 이야기를 하고 있는 것일까? 홍 대리는 최 과장의 말을 정확히 이해할 수 없었다. 어쨌건 작년에 최 과장이 진행한 일 중에서 큰 손실이 난 부분에 대해서는 크게 부각시키지 말고 조용히 넘어가달라는 이야기인 것 같았다.

그런데 자신이 한 질문에는 대답을 하지 않고 왜 최강수는 저런 이야기를 하는 것인지, 홍 대리의 의문은 여전히 풀리지 않고 점점 더 쌓여만 갔다.

모바일 사업부 구조조정안에 대해서 어중간 부장과 중간 리뷰 회의를 하는 자리였다. 홍 대리는 그 동안 이 작업에 얼마나 고민하고 집중을 했던지 입술이 부르틀 지경이었다. 그런데 신기한 것은 너무너무 피곤했지만 여태껏 느낀 피곤함과 조금 달랐다는 점이었다.

과거에 홍 대리가 억지로 회사를 다니면서 마지못해 일을 할 때는 쓰디쓴 피곤함이었는데, 지금은 그때보다 훨씬 더 힘들고 고민되는 일을 하면서도 어딘가 달콤한 피곤함이 느껴졌다. 홍 대리는 심혈을 기울여 정리한 내용을 어중간 부장에게 발표하기 위해 중간보고 자료를 열었다.

그런데 이게 어떻게 된 일인가? 40쪽에 달하는 중간보고 자료 중에 마지막 15쪽이 사라져버린 것이 아닌가?

'헉, 이상한데?'

홍 대리는 당황스러웠지만, 시간이 없기 때문에 일단 보고를 진행했다. 하지만 내용이 사라진 25쪽이 가까워올수록 점점 더

초조해졌다.

'어떻게 하지? 처음 시작할 때부터 이야기했어야 하나? 지금이라도 사실대로 말씀드릴까?'

25쪽까지 보고를 마치고 홍 대리가 말했다.

"저기, 부장님. 오늘 중간보고는 여기까지만 해야 할 것 같습니다."

어중간 부장이 황당하다는 표정으로 홍 대리를 바라보았다.

"홍 대리, 보고서의 기본도 모르나? 지금 홍 대리가 보고한 것은 현황 정리를 한 것밖에 안 되는데? 도대체 전략은 어디에 있는 건가? 그 동안 홍 대리가 한 거라고는 기존에 있던 보고서와 자료를 짜깁기한 것밖에 없는 건가?"

어중간 부장은 심각한 표정으로 말했다.

"아, 그게……. 제가 자료를 다 정리했는데, 그게 뒷부분이 갑자기 날아가버려서……."

홍 대리가 사실대로 이야기하려는데 어중간 부장의 표정이 심상치 않았다.

"홍 대리, 그걸 지금 변명이라고 하는 건가?"

어중간 부장이 너무 심각한 표정을 짓고 있어서 홍 대리는 갑자기 얼어붙었다. 철저한 부장이 잔소리하고 소리지르면서 야단쳤던 것과는 전혀 다른 분위기였다.

"하지만……. 분명히 어젯밤에 중간보고 자료를 40쪽까지 완성해놓고 저장을 하고 다시 확인까지 했는데, 아침에 열어보니 25쪽까지만 남아 있어서…….."

홍 대리는 억울했다. 어중간 부장은 차갑게 고개를 저었다.

"자료가 날아가? 그게 사실이라고 해도 자료 관리를 못한 건 홍 대리 자네 잘못 아닌가? 오늘이 보고하는 날인데, 무슨 수를 써서라도 보고를 성공적으로 마치는 것이 자네의 가장 중요한 일 아닌가? 사소한 실수로 중요한 일을 망친다는 게 말이 된다고 생각해?

회사는 전쟁터라고! 여기는 전쟁에서 이기기 위한 전략을 세우는 곳이야! 그런데 실수로 무기를 반만 가지고 오면 되나? 실수로 물자를 반만 가지고 오면 되나? 실수로 군인을 반만 투입하면 되나? 그 어떤 실수라도 저지르는 순간 이미 전쟁에서 우리 편은 전멸하고 말 걸세. 그러면 그다음은 없어. 전략을 다시 짤 기회도 없단 말이야!

홍 대리는 미래전략실이 어떤 곳인지 제대로 알고 있는 건가? 여기는 회사의 미래를 책임지는 곳이야. 홍 대리가 지금 준비하고 있는 자료에 따라서 회사가, 그리고 얼마나 많은 직원들이 변화를 겪게 되는지 알고나 있는 건가?

이런 중요한 시기에 중요한 자료를 관리하지 못했다는 것은 우리 미래전략실에서 일하기에 기본 자질이 부족하다고 밖에 생각할 수가 없네."

어중간 부장의 이런 모습을 처음 본 홍 대리는 너무 당황스러워서 어쩔 줄을 몰랐다. 그러다가 문득, 최강수의 얼굴이 떠올랐다. 어제 갑자기 소주 한잔을 하자는 것도 그렇고, 홍 대리에게 먼저 가 있으라는 것도 그렇고, 최강수가 홍 대리의 자료를 일부러 없애기라도 한 걸까?

홍 대리는 속으로 그럴 리가 없다고 고개를 저었다. 하지만 도대체 어떻게 이런 끔찍한 사고가 일어난 것일까?

"홍 대리는 지금 이 정도 일 가지고 왜 이렇게 심각하게 구는 걸까 이상하다고 생각할 수도 있겠지만, 이런 작은 실수가 우리 같은 조직에서는 매우 중요해. 그래서 1분 1초 어겨서도 안 되고 글자 하나라도 틀리면 안 되는 것이지. 그래서 나도 처음에 홍 대리를 우리 팀으로 영입할 때 그런 부분을 많이 걱정했네.

그런데 철저한 부장이 홍 대리 스스로 작은 실수들을 모두 극복했다고 하고 또 그런 점을 높이 사서 우리 팀으로 영입을 한 것인데, 여기 와서 다시 실수를 하다니. 홍 대리가 실수를 완전히 극복한 것이 아니라는 생각이 드는군. 그렇다면 앞으로도 실수를 저지를 가능성이 충분히 있다는 이야기가 되지.

만약 그렇다면, 홍 대리는 우리 팀에 어울리지 않는 사람이야. 냉정하다고 생각할 수도 있겠지만 팀에 적합하지 않는 사람은 조직에 더 이상 둘 수가 없네. 홍 대리는 자리로 돌아가 있게. 이 프로젝트를 어떻게 할지, 홍 대리가 우리 팀에 계속 머물 수 있을지 내가 좀 생각을 해봐야겠네."

"부장님······."

말을 마친 어중간 부장은 홍 대리의 말을 듣지 않고 회의실을 박차고 나가버렸다. 홍 대리는 예상하지도 못했던 사건에 놀라 온몸이 벌벌 떨렸다.

때론 피하는 것도
전략이다

홍 대리는 너무 당황스러워서 정말로를 찾아갔다. 이런 때 생각나는 사람이 그녀밖에 없었던 것이다.

"뭐? 자료가 사라져?"

"응. 그것도 이상하게 중간부터 마지막까지 자료가 없어졌어."

"그게 말이 되냐?"

"그러게. 그렇게 말도 안 되는 일이 나에게 일어났다고. 그것도 보고를 하는 그날 아침에!"

홍 대리는 아직도 믿을 수가 없었다. 정말로는 고개를 저었다.

"어쩔 수 없잖아. 이미 엎질러진 물이야. 그리고 그 물이 엎질러진 건 어쨌건 네 탓이야."

여전히 정말로는 냉정하기만 했다. 홍 대리는 자신에게 일어난 심각한 일을 두고 마치 생판 남의 일처럼 냉정하게 말하는 정말로가 너무나 멀게만 느껴졌다.

"분명히 저장했어. 그리고 다시 확인도 했다고. 그런데 다음 날 아침에 자료 15쪽이 감쪽같이 사라졌는데, 이걸 누가 막을 수 있겠어? 물은 엎질러졌지만, 그 물을 엎지른 건 내가 아니라고!"

홍 대리는 억울하고 화가 나는 마음을 누를 수가 없었다. 하루 아침에 팀에서 퇴출될 수도 있는 실로 심각한 판국 아닌가? 하지만 정말로는 그리 심각해 보이지 않았다.

"그 물을 엎지른 건 네가 아니야. 하지만 너는 그 물이 엎질러질 가능성이 있다는 것조차 먼저 알았어야 했어. 그렇다면 그 물이 엎질러지지 않게 잘 관리를 했어야 하는 거지."

홍 대리는 진심으로 정말로에게 화가 났다. 지금 홍 대리에게 필요한 건 냉정한 비판이 아니라 따뜻한 위로와 문제를 해결할 방법이었다.

"정말로, 너 정말 냉정하구나. 너는 내가 미래전략실에서 쫓겨나도 눈도 하나 깜빡 안 하겠구나?"

홍 대리는 진심으로 화가 나기 일보 직전이었다.

"어차피 네가 책임져야 할 일이야. 네가 원하는 대로 미래가 전개되도록 하는 것도 전략이지만, 원하지 않는 일이 일어나지 않도록 준비하는 것 또한 전략이야. 이 또한 네가 미래를 너무 단편적으로 봐서 발생한 전략의 실수라고 볼 수 있지."

"전략, 전략! 그만 좀 해!"

홍 대리는 자기도 모르게 소리를 질렀다. 정말로가 깜짝 놀라서 홍 대리를 바라보았다.

"그만 좀 해. 그놈의 전략 지겨워 죽겠어! 그냥 작은 실수였어! 아니면 최 과장의 악랄한 음모인지도 모르지. 어쨌건 내가 피해 갈 수 없는 불가항력의 사건이었다고! 그것조차 전략이 부족해서라면 모든 순간 성공하는 전략이란 게 있긴 한 거냐?"

홍 대리는 계속 소리를 질렀다. 정말로는 오히려 더 차분하고 냉정하게 말했다.

"최 과장한테 가서 따져, 그럼."

그렇다. 최 과장한테 가서 잘잘못을 가리고 따지면 될 터였다. 하지만 왠지 홍 대리는 그렇게 하기가 두려웠다. 혹시 최 과장이 벌인 일이 아니면 어쩌나? 자신은 무턱대고 남을 의심하고 잘못을 전가하는 사람이 되어 미래전략실에서 일하기 힘들어질 것이다.

혹시 정말 최 과장이 한 일이라면? 그것 또한 홍 대리가 직접 확인하기가 두려웠다. 마지막까지 최 과장이 그 정도 일까지 저지를 사람은 아니라고 믿고 싶었다.

"왜 못 가? 왜 최 과장한테 가서 직접 따지지 못해? 최 과장이 무서워서?"

정말로가 말했다.

"아냐……. 무서워서 그런 거. 야, 똥이 무서워서 피하냐 더러워서 피하지. 그냥 더러워서 피하는 거야."

홍 대리의 말에 정말로가 고개를 저었다.

"아니, 너는 지금 무서워하고 있어. 사실 너는 사건의 원인이 최 과장이 아니라는 걸 이미 알고 있는 거야. 그 원인은 바로 너에게 있으니까."

정말로의 말에 홍 대리는 흥분하면서 소리쳤다.

"아냐. 이번에 나는 정말 아무런 잘못이 없다고. 이건 음모야. 이건 정말 우연히 미친 개한테 물리는 것 같은 사고라고."

"그렇다면, 니가 먼저 그만둬."

"뭐?"

"너는 지금 네가 잘릴까 봐 너무나 두려운 나머지 너 스스로에게, 그리고 이 세상에게 화를 내고 있잖아."

"뭐, 내가?"

"잘리는 게 그렇게 무서우면 네가 먼저 그만둬."

"야!"

홍 대리는 더 이상 참을 수가 없었다.

"너무 무서우면 피해가는 것도 전략이야. '구더기 무서워 장 못 담그냐'는 속담 있지? 맞아. 구더기가 죽도록 무서우면 장 안 담그면 돼. 그게 더 좋아. 너는 회사에서 잘리는 게 그렇게 무서우면 네가 먼저 그만둬버려. 그러면 너를 두렵게 하는 그 무엇인가를 네 손으로 해결하는 거야."

정말로는 진심인지 농담인지 악담인지 모를 정도로 차분하게 말했다.

"네가 회사에서 잘리는 것이 두려운 이유는 네가 스스로에게 자신감이 없어서야. 네가 너 자신에게 진심으로 당당하고 자신감이 있으면 그런 억울한 일로 잘릴까 봐 전전긍긍하면서 제대로 된 해결방법노 못 찾고 주변사람의 위로만 바라는 그런 찌질이 같은 모습은 아닐 거야."

"뭐, 찌질이?"

"그래. 차라리 어중간 부장님한테 가서 무릎을 꿇고 빌어. 그런 게 오히려 덜 찌질하겠다. 너는 네 잘못은 인정하지 않고 남 탓, 세상 탓만 하면서 불쌍한 척 위로만 바라고 있잖아. 그것보다 더 찌질한 게 어딨니?"

홍 대리는 인내심의 한계가 와서 자리에서 벌떡 일어섰다.

"왜? 도망가게? 그래, 피해가는 것도 전략이지. 가, 가버려!"

정말로가 냉정하게 말했다.

홍 대리는 정말로를 쌔려보고 그대로 뒤로 돌아 나갔다.

"도망가는 건 오늘이 마지막이야. 오늘까지만 봐줄게."

홍 대리의 등 뒤로 정말로가 말했다. 홍 대리는 그 소리를 듣고 발걸음을 멈칫했다.

"더 이상은 도망가지 마. 정공법으로 가. 지금은 피해 가는 전략이 통할 때가 아니야. 이럴 때야말로 잔머리 쓰는 전략이 아니라 너의 진심이 필요하다고!"

정말로가 홍 대리 등 뒤로 소리쳤다. 홍 대리는 그 말을 마음에 남긴 채 자리를 떠났다.

진심으로
맞서라

"도망가지 마. 이럴 때야말로 잔머리 쓰는 전략이 아니라 너의 진심이 필요해."

정말로가 자신의 뒤통수에 꽂은 말이 너무 아파서 홍 대리는 밤새 한숨도 잘 수가 없었다. 스트레스로 인하여 속이 뒤집어지는 듯했고 마음 역시 불안했지만 새벽 일찍부터 출근 준비를 서둘렀다. 하지만 회사에 가서 어중간 부장을 보는 것이 너무나 두려웠기에 출근준비를 하는 동안에도 '그냥 월차를 내버릴까?' '사표를 써버릴까?' 하는 마음이 몇 번이나 들었는지 셀 수 없을 정도였다.

그런데 막상 준비를 마치고 집을 나서니 생각보다 새벽 공기가 상쾌했다. 홍 대리는 차가운 새벽 공기를 들이마시면서 심호흡을 하고 애써 씩씩한 척 회사로 향했다.

"부장님, 안녕하십니까?"

매일 아침 7시에 출근하는 어중간 부장은 홍 대리가 먼저 출근해 있자 깜짝 놀라서 인사를 받았다.

"어, 그래. 일찍 출근했군."

어쨌건 인사를 건네고 나니 왠지 문제의 반은 풀린 듯했다. 어중간 부장과 홍 대리 외에 아무도 없는 사무실. 홍 대리는 용기를 내어 어중간 부장 자리로 갔다.

"부장님, 다시 한 번만 기회를 주십시오!"

어중간 부장이 홍 대리를 바라보았다.

"제가 중간보고 자료를 완성한 것은 정말입니다. 하지만 실수를 미리 방지 못한 것 또한 제 잘못이라는 것을 인정하겠습니다. 한 번만 더 기회를 주십시오."

홍 대리는 진심을 담아 말했다.

"홍 대리, 내가 아직 생각을 정리 못했네. 내가 기다리라고 했을 텐데?"

어중간 부장은 여전히 냉정한 목소리로 말했다.

"네, 기다리겠습니다. 하지만 한 번만 더 기회를 주십시오. 제가 중간보고 자료를 완성했었기 때문에 다시 자료를 만드는 데는 오래 걸리지 않을 겁니다. 내일이라도 다시 보고를 드릴 수 있도록 한 번만 더 기회를 주십시오."

어중간 부장은 그런 홍 대리를 의외라는 표정으로 바라보았다. 홍 대리는 정말로 말대로 무릎이라도 꿇을 기세였다.

"어쩔 수 없군. 중간보고를 다시 받을 수는 없고, 최종보고 시간을 앞당기기로 하지. 원래 중간보고 하고 난 다음 2주 후에 최종보고 하기로 되어 있었지? 그 최종보고를 다음주에 하도록 하자고. 그 보고를 들어보고 홍 대리가 실수하거나 제대로 하지 못했다면 얼른 다시 대안을 준비해야 하니까 말이야."

어중간 부장이 말했다.

홍 대리는 "네, 부장님. 정말 감사합니다. 정말 실수 없이 열심히 하겠습니다"라고 말하려다가 문득 예전 일이 떠올랐다. 이 말은 늘 홍 대리가 철저한 부장한테 했던 것 아닌가?

정말로가 처음 세별전자에 나타났던 그날도 그랬다. 홍 대리는 철저한 부장에게 이렇게 말했었다.

"죄송……. 아니, 앞으로는 실수가 없도록 더 열심히 하겠습니다."

그때 철저한 부장은 이렇게 말했었다.

"홍 대리, 누가 더 열심히 일하라고 했나? 열심히 안 해도 되니까 제대로 하라고!"

'그래, 맞아. 일을 해야 하는 목적과 내용도 모른 채 무조건 열심히 할 필요는 없어. 제대로 알고 제대로 잘하는 것이 중요한 거야!'

홍 대리는 어중간 부장에게 말했다.

"부장님, 앞으로는 실수 없이 제대로 잘하겠습니다."

어중간 부장이 말했다.

"마지막 기회가 될지도 몰라. 잘하라고."

"네, 부장님!"

홍 대리는 자기도 모르게 90도로 허리를 숙여 인사를 하고 자리로 돌아왔다.

'결국 진심이 통했어.'

홍 대리는 이때까지 '전략적'이라는 것과 '진심'은 완전히 다른 것이라서 맞닿을 수 없다고 생각했다. 그러나 사실은 그렇지 않았다. '전략적'이라는 것이 반드시 거짓이나 정치나 잔머리를 이야기하는 것이 아니라 '진심'으로 미래를 좋은 방향으로 이끌기 위한 방법이라는 것을 어렴풋이나마 깨닫게 된 것이다.

'그런데 자료는 왜 사라진 것일까?'

홍 대리는 여전히 최강수 과장이 의심스러웠지만, 지금 그런 고민을 할 시간이 없었다. 바로 다음 주에 모바일 사업부 구조조정 전략을 보고해야 하기 때문이다.

'그래, 이미 엎질러진 물. 그게 누구 탓이건, 어떤 이유건 지금 와서 무슨 상관이 있겠어? 일단 엎질러진 물을 깨끗이 닦아내고 다시 컵을 세워서 새로운 물을 담아야 하니까, 지금은 여기에만 집중하자!'

홍 대리는 진심을 담아 모바일 사업부 구조조정전략을 다시 세워나갔다.

미래는
아무도 점칠 수 없다

드디어 일주일 뒤, 홍 대리는 긴장된 마음으로 모바일 사업부 구조조정 전략을 발표했다.

"마지막 기회가 될지도 몰라"라고 말했던 어중간 부장의 말이 잊히지 않아 긴장감에 몸이 굳어졌다. 거기에다가 홍 대리가 결론을 낸 모바일 사업부 구조조정전략은 어중간 부장이 생각하는 방향과 전혀 다른 방향이었다.

'하지만 나는 진심으로 회사의 미래를 위한 전략을 만들어낸 거야. 그럼에도 불구하고 통하지 않는다면 그건 내가 미래전략실에 맞지 않는 사람이라는 반증일거야.'

자신의 진심을 믿고, 자신이 한 일에 대한 믿음을 가지니 어디에선가 자신감이 샘솟았다. 그리고 스스로에게 부끄럽지 않도록 최선을 다했기에 결과가 어떻게 나오든 받아들일 수 있을 것 같았다.

발표를 다 들은 어중간 부장은 많이 놀란 표정이었다.

"모바일 사업부를 구조조정하지 않고 오히려 모바일 사업을 강화하겠다고?"

"네!"

어중간 부장은 잠시 고민에 빠졌다. 홍 대리는 자신 있게 설명을 이어갔다.

"파이브 포스 모델 분석과 BCG매트릭스를 보면 모바일 사업은 세별전자에게 여전히 너무나 매력적인 시장입니다. 세별전자의 확실한 캐시카우이면서도 스타로 성장시킬 수 있는 수많은 기회가 여전히 존재합니다. 이런 매력적인 사업을 단기간 손실이 났다고 해서 쉽게 포기하거나 축소한다면 앞으로 세별전자는 성장하기 어려울 것이라고 생각합니다.

현재 모바일 사업부에서 필요한 것은 구조조정이 아니라 오히려 선택과 집중을 통해서 잘할 수 있는 것을 더 잘할 수 있는 방향으로 이끄는 힘이라고 생각합니다!"

어중간 부장은 홍 대리의 말에 대답이 없었다. 홍 대리는 계속 설명을 이어갔다.

"여기 분석한 자료를 보면 전체적으로 모바일 사업부가 실적이 악화된 것은 맞지만, 그것은 일부 사업에서 초기에 집중적인 투자가 이루어져야 했기 때문에 그런 것으로 보입니다.

다른 사업부들은 지속적으로 성장하면서 좋은 실적을 내고 있는 것이 많습니다. 또 초기에 집중투자 한 사업도 내후년부터는 수익을 낼 수 있을 것으로 기대됩니다. 그래서 저는 구조조정에 대한 필요성은 찾지 못했습니다."

"음."

어중간 부장이 드디어 입을 열었다.

"홍 대리, 이거 책임질 수 있겠어?"

"네? 책임이라면 어떤 책임을 말씀하시는 건지요?"

홍 대리는 두려운 마음이 들었다. 책임이라니, 책임지고 이 조직을 떠나라는 말인가?

"최고경영진이 모이는 자리에서 홍 대리가 이 보고를 직접 할 수 있겠냐고!"

"네?"

예상하지 못한 어중간 부장의 말에 홍 대리는 깜짝 놀라서 다시 물었다. 그러다 바로 대답을 했다.

"네. 할 수 있습니다."

"자신 있어?"

"네. 어떤 것이 회사를 위한 일인지, 그리고 어떤 것이 회사의 미래를 위한 것인지를 충분히 고민하고 분석해서 나온 전략이기 때문에 저는 회사가 꼭 이 내용을 알아야 한다고 생각합니다."

홍 대리의 진심이 통했는지 어중간 부장이 말했다.

"사실은 모바일 사업부에 대한 구조조정의 필요성은 컨설팅 프로젝트에서 나온 것이었어. 우리 회사가 세계적 컨설팅 회사인 맥스턴 경영컨설팅 그룹과 경영전략 컨설팅 프로젝트를 하기 위해서 제안을 할 때, 그쪽에서 가장 중요하다고 강조한 것이 바로 모바일 사업부에 대한 구조조정의 필요성이었어."

"네……."

"컨설팅 1차 결과 모바일 사업의 실적이 악화되어 세별전자 전체가 위험해질 수 있으니 시급하게 모바일 사업을 구조조정해야 한다는 것이었지."

"네?"

정말로가 실시한 컨설팅 결과에서 모바일 사업부를 구조조정해야 한다는 결과가 나왔다니!

"그 결과에 따라 모바일 사업부 구조조정안에 대해서 우리 미래전략실에서 준비를 하기로 했지만, 홍 대리의 보고서를 보고 나도 마음이 바뀌었다네.

전략은 얼마든지 다른 방향으로 나올 수가 있는 것이니까 말이야. 그 유명한 이야기 홍 대리도 알고 있나? 오래전 우리 회사의 가장 강력한 경쟁 전자기업에서 아주 유명한 컨설팅 회사로부터 미래전략에 관한 컨설팅을 받은 적이 있었지. 그 당시 컨설팅 결과는 향후 모바일 사업이 성장할 가능성은 크지 않으니 모바일 사업에 과도한 투자를 하는 대신에 지금 잘하고 있는 가전 사업에 집중해야 한다는 것이었지.

컨설팅 결과에 따라 그 기업은 모바일 사업을 준비하지 않았어. 결국 스마트폰 시장이 급격하게 성장했을 때, 그 회사의 상황은 아주 어려워졌지. 우리는 꾸준히 모바일 사업을 강화한 덕분에 그 기회를 이용하여 세계적인 회사로 성장했고 말이야.

그러니 아무리 훌륭한 컨설팅 회사나 컨설턴트가 내린 결과라고 해도 다 옳은 것은 아니야. 누가 감히 미래를 점칠 수가 있겠는가? 오히려 진정으로 회사의 미래를 생각해서 만든 홍 대리의 자료가 겉으로 보기에는 부족해 보일지도 모르지만 실상은 훨씬 더 가능성이 높아 보인다네."

'미래를 준비한다는 것은 정말 어렵고도 중요한 일이구나.'

홍 대리는 새삼 깨달았다.

"홍 대리, 잘할 수 있겠나?"

"네!"

"그럼 홍 대리 자네를 한번 믿어보지."

어중간 부장은 홍 대리의 어깨를 두드리며 빙긋 웃어 보였다.

"그런데 모바일 사업 자료를 정리하다 최 과장과 관련된 내용은 보지 못했나?"

회의를 마무리하려는데 갑자기 어중간 부장이 물었다.

"네? 그게……."

홍 대리는 당혹스러움을 감출 수가 없었다.

"최 과장이 조금 욕심이 많아서 그렇지 나쁜 사람은 아니라네."

어중간 부장은 지긋이 눈을 감으면서 말했다. 무슨 말을 하려고 그러는 것일까?

"최 과장이 우리 회사의 협력사나 인수합병 될 회사에 주식 투자를 하고 있는 것은 회사도 알고 있었다네. '관리의 세별전자'인데 그것도 모르겠나?"

어중간 부장의 말에 홍 대리는 너무 놀라 얼음처럼 굳어버렸다. 그럼 정체를 알 수 없던 그 기업에 최 과장이 투자를 하고 있었단 말인가? 최 과장은 그 사실을 감추기 위해서 자신에게 그런 말을 했던 것인가?

이제야 조금씩 최 과장이 왜 그랬는지 실마리가 풀리기 시작했다.

"그런데 회사에서 개개인 직원의 주식투자 자체를 금지하는 것은 아니라네. 그것은 개인의 경제활동이니까. 다만 회사의 업무를 통해서 부당한 개인적인 이익을 취하면 그것은 용납될 수 없겠지. 하지만 최 과장이 우리 회사의 정보를 이용해서 부당한 이익을 챙긴 것은 하나도 없었어. 오히려 결과가 썩 좋지 않아서 최 과장 개인적으로 손실을 많이 입었을지도 몰라."

이런 모든 내용을 회사와 어중간 부장이 다 알고 있었다니!

"최 과장이 징계 대상은 아니었지만 어쨌건 회사 정보로 이익을 꾀하려 했기 때문에 회사에서는 모바일 사업을 더 이상 최 과장에게 맡기지 않고 신규인원을 충원하기로 했던 것이라네.

그래서 우리는 모바일 사업에 대해서 잘 알고 있는 모바일 사업부 출신 중에 인재가 있는지 먼저 알아봤고, 마침 최강수 과장이 홍 대리를 추천해서 자네가 우리 미래전략실로 오게 된 것이지."

최 과장의 추천 덕분에 홍 대리가 미래전략실로 오게 된 것은 알고 있었지만 이런 이유로 인해서 미래전략실에 자리가 생긴 줄은 까맣게 몰랐다.

'그래서 최 과장이 그랬구나.'

최 과장은 자신이 하던 일을 맡게 된 홍 대리에게 질투도 나고, 자신이 하던 일에 대하여 애정과 미련도 있고, 또 홍 대리가 모바일 사업을 파고들수록 자신의 실수나 실패가 드러날까 두려워서 그에게 못되게 굴었던 것이다. 어중간 부장은 고개를 끄덕이면서 말했다.

"어쨌건 홍 대리가 구조조정을 위한 접근이 아니라 회사와 회사의 미래를 위한 접근을 했기에 나도 참 다행스럽게 생각한다네. 만약 그렇지 않았다면 사업과 인력을 구조조정하면서 많은 사람들이 좋지 않은 방향으로 변화를 겪게 될 것이고, 그 와중에 최 과장의 일도 드러날 수밖에 없었을 테니 말이야. 그리고 그에 대한 큰 책임을 져야 했을 것이고.

홍 대리는 주어진 일을 단편적으로 받아들이지 않고 여러 가지 상황을 이해하고 종합적으로 판단하는 능력이 아주 뛰어나구만. 그건 앞으로 홍 대리에게 가장 중요한 능력이 될 거야."

성공하고 싶다면
너 자신에게 정직하라

"홍 대리, 오늘 저녁에 약속 있어?"

최강수가 물었다. 그렇잖아도 내일 있을 최고경영진 회의 발표 준비 때문에 계속 긴장을 했던 상태라 홍 대리도 가벼운 소주 한 잔이 당기던 중이었다.

"오늘 저녁 괜찮아."

"그럼, 나하고 한잔할래? 나 너한테 중요한 할 말이 있다."

도대체 무슨 말을 하려는 건지 홍 대리는 괜히 두려운 마음이 생겼다.

'지난번 내 자료를 지운 건 정말로 최강수였을까?'

최강수가 먼저 소주잔을 내밀면서 말했다.

"홍 대리, 우리 둘이 원래는 이렇게 어색하지 않았는데……. 그렇지?"

"응……."

잔을 받은 홍 대리는 최강수의 잔에도 소주를 가득 따라주었다.

"그동안 미안했다."

뜬금없는 최강수의 말에 홍 대리가 그를 바라보았다. 최강수는 소주를 한입에 털어 넣었다.

"나 사실은 회사 그만둔다. 이번 주가 세별전자 마지막 근무야."

"무, 무슨 소리야?"

처음 듣는 이야기에 홍 대리는 깜짝 놀라서 말했다.

"왜? 어디 다른 곳으로 가기로 했어?"

"응. 사실은 얼마 전에 외국계 회사 한 군데서 사람 뽑길래 지원했는데 합격했어. 연봉도 지금보다 훨씬 많이 주고 직급도 부장으로 가기로 했어."

"축하한다."

"축하는 무슨. 사실 여기가 너무 힘들어서 도망가는 건데……."

축하한다는 이야기가 어울리지 않게 최강수는 왠지 우울해 보였다.

"어중간 부장님에게는 좋은 조건 때문에 옮기는 걸로 이야기했지. 그것이 사실이기도 하고. 내가 그래도 빨리 과장으로 진급한 덕분에 부장 직급을 받을 수 있었고 연봉 협상에서도 유리했고.

그쪽 조건이 너무 좋다 보니 어중간 부장님도 할 말이 없으신 거지, 뭐. 부하직원이 더 좋은 회사에 더 좋은 조건으로 간다는데, 그걸 말리면 나쁜 상사인 거지. 정말 필요한 인재라면 조건을 맞춰서라도 데리고 있어야 하는 것이 비즈니스 세계인 것이고.

하지만 어중간 부장님이 나를 붙잡고 싶어 한다고 해도 그런 조건을 맞춰줄 수 있는 권한이 있는 것도 아니고, 더구나 어중간 부장님은 내가 회사를 옮기겠다고 말씀 드렸을 때 전혀 붙잡지 않았어."

홍 대리는 무슨 말을 해야 할지 몰라 말없이 최강수의 이야기를 듣고 있었다.

"어중간 부장님이 그러시더군. 정말 신중하게 생각해서 결정한 거냐고. 그래서 그렇다고 말씀 드렸더니, 그걸로 끝이더라. 사직서 써서 제출하라고 하시길래 그렇게 했지. 어중간 부장님이 싸인하시고 인사본부에 제출하니까 모든 게 끝이더라.

이 회사 들어올 때는 그렇게 힘들더니, 나갈 때는 왜 이렇게 쉽냐?"

갑자기 홍 대리의 마음 한 켠이 허전해지는 듯했다. 홍 대리는 자신이 최강수를 미워한다고 생각했지만 사실은 그게 아니었나 보다. 어쩌면 홍 대리의 진정한 마음은 최강수와 경쟁자 관계가 아닌 신입사원 시절의 친구 사이로 돌아가고 싶었던 건지도 모른다.

"사실, 나 너 많이 질투했었다."

이렇게 이야기한 사람은 홍 대리가 아니라 최강수였다.

"뭐라고? 나를?"

홍 대리는 최강수가 무슨 말을 하는지 알 수가 없었다.

"너는 입사할 때부터 늘 나보다 잘났었잖아. 나는 원래부터 모바일 사업부에 너무너무 가고 싶었는데 거기는 못 가고 미래전략실로 간 거였어. 그런데 너는 모바일 사업부 마케팅팀에 턱 발령나고. 내가 얼마나 부러웠는지 아냐?"

홍 대리는 자신이 늘 보잘것없다고 생각했는데 부러워하는 사람도 있었다니 놀라웠다. 그런데 최강수가 이어서 하는 이야기는 홍 대리로서는 도저히 이해하기 어려웠다.

"어중간 부장님 말이야, 겉으론 어중간해보일지 몰라도 사실은 정말 무서우신 분이셔. 세별전자 미래전략실 팀장 자리가 아무나 있을 수 있는 자리겠어?

사실 어 부장님은 지난번 임원회의 발표 보고서도 내가 아니라 네가 만든 거 이미 다 알고 계셨어."

"뭐라고? 난 절대로 말씀 드린 적 없는데……?"

혹시라도 최강수가 오해를 하고 있을까 봐 홍 대리가 말했다.

"알고 있어, 네가 이야기하지 않은 것. 어중간 부장님은 그렇게 무서우신 분이셔. 아는 것도 모르는 척, 모르는 것도 아는 척 티를 안 내셔서 그렇지. 그것 또한 어 부장님의 전략이기도 하고. 극단적인 한쪽으로 치우치지 않고 어중간한 척 중간에 있는 것, 그래야 적도 없고 언제든 유동성 있게 원하는 방향으로 전환할 수 있으니 말이야.

어쨌건 홍 대리가 이야기 안 해도 어중간 부장님은 다 알고 계시더라고. 어 부장님은 이미 홍 대리와 나의 보고서 스타일, 업무할 때 습관과 태도도 다 알고 계셔. 홍 대리가 가지고 온 보고서를 보고 딱 알아보셨다고 해. '이건 홍 대리가 만든 보고서다'라고."

어중간 부장에게 그런 능력이 있었다니, 최강수 말을 듣고 나니 갑자기 어 부장이 더 무섭게 느껴졌다.

'어중간 부장님은 내 보고서를 어떻게 알아보셨을까? 그분은 나를 어떤 모습으로 보고 있을까?'

홍 대리와 최강수는 조용히 잔을 부딪혔다.

"그리고 어 부장님이 나에게 그러시더군. 다른 사람을 속이는 것은 쉽다고. 하지만 자기 자신을 속이고서는 진정한 성공을 얻을 수 없을 거라고."

'자신을 속이고는 진정한 성공을 할 수 없다!'

진정한 성공을 위해서는 다른 사람이 아닌, 바로 자기 자신을 깊숙이 들여다봐야 하는 것이었다. 다른 사람이 아무리 성공한 사람이라고 이야기한들, 정작 자기 자신은 만족하지 못하거나 불행하거나 부끄러운 느낌이 든다면 그것을 진정한 성공이라 할 수 있겠는가?

"내가 퇴사를 하면, 우리 미래전략실에 과장이 한 명도 없으니 당연히 홍 대리가 이번에 과장으로 승진할 수 있을 거야. 우리 미래전략실에서는 그동안 승진 대상에서 탈락한 사람이 단 한 명도 없었거든.

어쨌건 홍 대리, 그 동안 고마웠다. 이제야 너하고 진정한 친구가 될 수 있을 것 같다. 과장되면 꼭 연락해! 거하게 한턱 쏘라고!"

최강수는 홍 대리의 두 손을 꼭 잡았다. 홍 대리는 그런 최강수에게 자료를 지운 것은 너였냐고 차마 물어볼 수가 없었다.

미래는
과거의 결과가 아니다

최고경영진 회의에서 발표를 하는 날이 왔다.

일찍 출근한 홍 대리는 약간 긴장을 하고 회사 컴퓨터를 열었다. 그런데 이게 어떻게 된 일인가? 분명히 컴퓨터에 저장해놓은 최종발표자료가 흔적도 없이 사라진 것이다.

'이럴 수가, 이게 어떻게 된 일이지?'

홍 대리는 당혹스러움을 감출 수 없었다.

'설마, 설마, 또 최강수가?'

홍 대리는 최강수를 의심하고 싶지는 않았지만 어떻게 매번 최강수와 저녁을 먹고 나면 자료가 사라지는 것일까. 하지만 이번에는 아무런 문제 없이 발표를 끝마칠 수 있었다. 혹시나 하는 마음에 자료를 백업해놓았던 것이다.

'네가 원하는 대로 미래가 전개되도록 하는 것도 미래전략이지만, 원하지 않는 일이 일어나지 않도록 준비하는 것 또한 미래전략이야.'

정말로가 했던 말이 떠올랐다.

'미래를 미리 준비하면 나쁜 일이 생길 가능성도 줄어. 괜한 사람을 의심할 일도 사라지지.'

홍 대리는 최강수가 한 일이 아니라고 확신할 수는 없었지만 최강수의 진심을 믿고 싶었다.

최고경영자들 모두 모인 최고경영진 회의에 선 홍 대리는 자신이 진심으로 옳다고 생각하는 회사의 미래에 대한 전략을 발표했다. 어중간 부장과 여러 번 리뷰를 거쳐 마침표 하나 실수 없이 완벽한 자료를 만든 것은 물론이었다. 최선을 다해서 고민했고 자료도 완벽하니 자신감이 없을 리가 없었다.

홍 대리의 발표가 끝나자 세별전자의 대표이사인 이 부회장이 물었다.

"원래 모바일 사업부 구조조정안을 발표하기로 하지 않았었나? 지난번 맥스턴 컨설팅 그룹 프로젝트 결과로 모바일 사업부를 축소하고 구조조정 해야 한다고 하지 않았나?"

그러자, 어중간 부장이 일어나서 말했다.

"네, 부회장님. 맞습니다. 회사의 과거와 현재 재무적인 부분을 위주로 숫자를 분석하면 단기적으로 모바일 사업부에 위험요소가 있고 안정된 운영을 위해서 구조조정을 해야 한다는 것이 맞습니다.

하지만 이번에 저희 미래전략실에서는 기술과 시장의 미래 가능성을 더 열어놓고 전략을 준비했습니다. 그랬더니 구조조정이 아닌, 제대로 잘할 수 있도록 사업을 강화해야 한다는 결론이 나왔습니다."

"과거와 현재의 숫자를 분석해서 미래전략을 짠 것이 아니라 미래의 가능성을 보고 전략을 짰다고?"

이 부회장이 말했다.

"미래가 어떻게 될지 누가 어떻게 알겠나?"

홍 대리는 가슴이 쿵쿵 뛰었다. 이 부회장은 홍 대리를 바라보며 말을 이었다.

"하지만 과거의 데이터로만 미래를 판단하는 것도 위험하기는 마찬가지지. 과거는 이미 과거고 미래는 과거의 결과가 아니라 지금부터 만들어가야 할 것이니까 말이야."

이 부회장은 어중간 부장에게 말했다.

"오늘 용기 있는 전략 발표 좋았어요. 구조조정안을 발표하라고 했는데 강화해야 한다는 전략을 발표하다니. 옳다는 신념이 없으면 하기 힘든 일이지.

그래도 최고경영자들을 모아놓고 이랬다 저랬다 하면 되나? 전략이라는 것이 어중간 부장처럼 어중간하게 이래도 좋고 저래도 좋고 해서는 안 되지. 모바일 사업부 구조조정을 해야 한다는 전략과 더 강화해야 한다는 전략이 동시에 나오다니.

오늘부터, 저기 저 홍 대리라고 했나? 홍 대리하고 맥스턴 경영컨설팅 그룹, 그때 발표한 그 컨설턴트 누구지? 이름이 특이해서 기억하고 있었는데, 정말로라고 했나? 어쨌건 홍 대리하고 정말로 컨설턴트 그 친구하고 둘이 붙어서 치고받고 싸우든 지지고 볶든 하나의 결론을 내오세요.

중요한 의사결정이니까 2주 후 이 자리에서 결론을 내기로 하지요."

홍 대리는 회의를 마치고 맥스턴 경영컨설팅 그룹이 프로젝트를 진행하고 있는 프로젝트실로 들어갔다.

"안녕하세요? 정말로 컨설턴트님!"

"네, 안녕하세요? 홍인범 대리님!"

전혀 다른 전략을 세운 두 사람 사이에 냉랭한 기운이 흘렀다.

"말씀은 들으셨죠? 우리 둘이 전략 프로젝트를 같이 하고 결론을 내서 최고경영진 회의에서 발표해야 한다는 거 알고 계시죠?"

"그럼요, 당연히 알고 있죠. 자, 그럼 홍 대리님이 모바일 사업부를 강화해야 한다는 전략의 근거부터 한번 볼까요?"

정말로는 단도직입적으로 프로젝트를 시작했다. 홍 대리는 자신이 준비한 자료를 내밀자 정말로는 진지한 표정으로 자료를 들여다봤다.

"대단하네요. 이런 것까지 다 분석하셨다니……."

전략에 있어서는 선생님 같았던 정말로가 처음으로 홍 대리를 인정했다. 홍 대리가 말했다.

"단순히 숫자만 보면 정말로 컨설턴트님의 결과가 맞을지도 몰라요. 하지만 이번에 숫자로는 보이지 않는 더 중요한 것들이 많이 숨겨져 있다는 것을 알게 되었지요.

그리고 미래를 위한 전략이라는 것이 단순히 기업의 미래 생존과 성장만을 생각해서 될 것이 아니라, 기업이 직원과 같이 생존하고 성장하고 또 이 사회와 같이 생존하고 성장하는 걸 염두에 둬야 한다는 것도 알게 되었죠."

정말로가 홍 대리를 물끄러미 바라보았다. 홍 대리가 계속 말을 이었다.

"우리 회사가 다른 회사와의 경쟁에서 이길 수 있고, 다른 회사가 따라 할 수 없는 핵심역량이 모바일 사업에 집중되어 있었지만, 사실 그 핵심역량을 찾고 정의하는 것은 쉽지 않지요.

그래서 어쩌면 이런 나에게도 나만의 핵심역량이 숨겨져 있을지도 모른다고 생각했어요. 그래서 나 자신을 믿고 찾아보니, 아무것도 가진 것 없고 제대로 잘하는 것 없이 실수만 하는 나에게도 다른 사람들이 가지지 못한 핵심역량이 있다는 것도 알게 되었죠. 그건 바로 진심을 가지고 이해하는 능력이었어요.

그동안 나 자신이 나를 제대로 보지 못하고 못난 사람이라고 생각하고 화만 내며 지냈기 때문에 그 역량을 제대로 알지 못했어요. 정말로 컨설턴트님 덕분에 나 자신을 제대로 볼 수 있게 되었어요. 고마워요."

홍 대리는 정말로를 진심으로 고맙다는 표정으로 바라보았다. 정말로도 잠깐 감동적인 표정을 짓다 말고 다시 냉정한 표정으로 말했다.

"그런데 홍인범 대리님! 그보다 먼저, 지금 세별전자의 모바일 사업전략부터 맞춰야 하지 않을까요? 2주 뒤에 발표하려면 지금 이렇게 개인적인 이야기를 할 시간이 없을 것 같은데요!"

역시 냉정하기만 한 정말로다.

두 사람은 자료분석과 토의를 시작했다.

2주간의 치열한 분석과 토론 끝에 결국은 모바일 사업을 더 강화하는 것으로 결론이 났다. 정말로는 숫자상으로 확실한 근거가 되는 과거의 자료들을 철저히 분석해 점점 악화되는 실적과 재무 상황을 분명히 보여주기는 했다. 정말로는 이대로 가다가는 세별전자 전체가 위험해질 수 있음을 강조했지만, 위험 가능성 때문에 더 잘될 가능성을 무시하는 것도 안 될 일이었다.

결국 정말로는 자신이 내놓은 보고서보다 홍 대리의 보고서가 근거는 조금 부족할지 몰라도 미래의 성장 가능성이 충분하다는 것을 인정하고 홍 대리의 의견에 동의를 했다. 대신 모바일 사업 중에서도 실적이 악화된 일부 제품 라인업은 철수를 하고 잘하는 제품에 선택과 집중을 하기로 했다.

정말로와 홍 대리는 머리를 맞대어 낸 결론을 어중간 부장에게 먼저 보고했다. 논의 결과, 회사의 핵심역량에 맞으면서도 회사가 잘할 수 있는 사업을 선택하고 회사의 자원을 분석하여 배분하는 전략을 좀 더 세분화해 수립할 수 있었다.

두 사람의 프로젝트를 뼈대로 어중간 부장이 직접 보고한 최고경영진 회의는 무사히 끝이 났다. 이로 인해 세별전자는 선택과 집중을 통해 더욱 모바일 사업 역량을 강화하기로 미래전략을 확정했다.

인생에도 사랑에도
전략이 필요하다

최고경영진 보고가 끝났는데도, 홍 대리는 무언가 또 다른 전략을 수립하느라 여전히 바빴다.

'이번 전략도 정말 중요한 전략이야.'

홍 대리는 최선을 다해서 성공적인 전략을 이끌어내고 싶었다.

'전략이라는 것을 그리 어렵게만 생각할 필요도 없지. 진정으로 원하는 미래의 모습이 무엇인지 찾아내고 그것을 이루기 위해 내가 가진 것들을 어떻게 활용해서 성공시킬 수 있을 것인지를 정하는 것. 그러기 위해서는 가장 먼저 진정으로 내가 원하는 것이 무엇인지를 알아야 해.'

홍 대리는 며칠 동안 자기 자신이 진심으로 바라는 것이 무엇인지 내면을 들여다보았다. 자신이 진정으로 바라는 것이 무엇인지를 제대로 알고 그것을 이루어내는 것에서 진정한 성공은 시작되기 때문이다.

'내 삶에서 내가 진짜 원하는 것이 무엇인지를 찾는 것은 전략의 계층에서 기업 차원의 전사전략이라고 볼 수 있어. 회사가 어떤 회사가 될 것인가를 정의하는 것처럼 내가 어떤 사람이 될 것인가를 정하는 것이지.'

홍 대리는 '어떤 사람이 될 것인가'에 대해서 다시 한 번 진지하게 생각을 해보았다.

'하지만 내가 가지고 있는 자원에는 한계가 있지. 난 돈도 없고 시간도 별로 없어. 내가 가진 것은 비록 보잘것없지만 나에게는 다른 사람이나 상황을 진심으로 이해하는 핵심역량이 있어. 내 강점을 이용해서 꼭 성공하는 전략을 만들어내겠어!'

자신이 진정으로 원하는 것이 무엇인지 확신한 홍 대리는 조금 더 정교한 계획을 세워보았다.

'전략의 계층에서 전사 전략 아래의 사업부 단위전략은 개인으로 치면 5년에서 10년 정도의 중장기전략으로 볼 수 있어. 예를 들면 학업이나 결혼, 중장기적인 커리어 개발 같은 것이 여기에 해당되겠지. 나는 지금 승진을 해야 할 시기이고, 결혼을 해야 할 시기이고, 또 더 늦기 전에 MBA 공부를 시작해야 할 시기야.

이러한 것들을 이루기 위해서는 중장기적인 전략을 세워야겠지. 일단 올해는 승진하는 데 집중하고 내년에 MBA 준비를 시

작하자.'

홍 대리는 마지막으로 지금 당장 가장 중요한 전략에 대해서 고민했다.

'우선 지금 당장 나에게 가장 중요한 전략을 세워야겠지. 내가 지금 당장 수립해야 하는 중요한 전략은, 전략의 계층으로 따지자면 기능전략이야. 일종의 마케팅전략처럼. 나는 지금 타깃 고객을 감동시킬 마케팅전략을 수립해야 해!'

홍 대리는 전략에 대한 생각으로 머리가 가득했다.

'정말로 사랑해!'

세별전자 프로젝트가 완료되어 정말로가 세별전자에 출근하는 마지막 날 아침이었다. 정말로의 출근길 근처에는 '정말로 사랑해!'라고 적힌 종이들이 길마다 붙어 있었다.

"이거 뭐야?"

"정말로 사랑한다는데?"

지나가는 사람들이 모두 한마디씩 했다. 종이를 보는 정말로는 심장이 울렁거렸다.

'누군가를 정말로 사랑한다는 말인가? 설마, 저 정말로가 나는

아니겠지? 누군가 프로포즈를 하나 봐. 좋겠다. 사랑하는 사람에게 프로포즈를 받으면 어떤 기분일까?'

설마 하면서도 정말로는 두근거리는 마음을 누를 수가 없었다. 정말로가 회사 건물로 빠른 걸음으로 걸어가고 있을 때, 누군가 장미꽃 한 송이를 내밀었다.

'출근길 판촉행사인가 봐.'

별다른 생각 없이 장미꽃을 받아 든 정말로 주변을 전혀 모르는 사람들이 에워싸더니 장미꽃을 한송이씩 주기 시작했다. 사무실 빌딩 앞에 도착했을 때 정말로의 품에는 어느새 장미꽃들이 가득했다.

'이게 뭐지?'

영문도 모른 채 장미꽃을 받아 들고 사무실 빌딩 앞에 선 정말로 앞으로 어디선가 홍 대리가 나타났다. 홍 대리는 무릎을 꿇고 정말로에게 프로포즈를 했다. 주변에 있던 사람들이 가던 길을 멈추고 몰려들었다.

"지금 내겐 자원도 돈도 능력도 없지만, 진심으로 당신을 이해할 수 있는 역량은 가득해요. 이런 나를 사랑해줄 수 있나요?"

정말로의 눈에 눈물이 그렁그렁 맺혔다. 그녀가 대답했다.

"우리가 같은 방향을 바라보고 같은 꿈을 꾸며, 우리의 미래를 위한 전략을 세워 살아간다면 우리 둘에게 가장 좋은 선택을 하며 살 수 있을 거예요. 때로는 서로 의견이 맞지 않고 다투기도 하겠지만 결국 우리 둘에게 행복한 삶이 될 거예요."

홍 대리의 얼굴에 환하게 미소가 번졌다. 정말로는 홍 대리가 내민 장미꽃을 받았다. 백 번째 장미꽃이었다.

그날 저녁, 분위기 좋은 식당에서 저녁을 먹던 정말로가 까르르 웃으면서 말했다.

"근데, 홍인범. 너 그거 알아? 처음부터 이 모든 게 다 나의 전략이었다는 거?"

"뭐?"

"세별전자에서 너를 다시 만난 그날 나는 결심했어. 너에게 전략적으로 접근해서 꼭 너의 사랑을 받아내겠노라고. 고등학생 때는 거절이 두려워서 고백도 못 해보고 도망가듯이 전학갔던 나지만 이제는 결코 도망가지 않고 진심을 가지고 부딪혀보겠다고.

너의 미래전략 컨설팅을 해주겠다고 한 것도 사실은 너를 꼬시기 위한 나의 전략이었다고!"

"뭐라고? 처음부터 모두 너의 전략이었다고?"

홍 대리는 믿을 수 없었다.

"언젠가 성공에 대해서 먼저 정의하라고 이야기를 한 적이 있었지? 그때 내가 너에게 말하지 못한 나의 성공은 바로 너였어. 나는 너와 함께 행복한 시간을 보내는 것이 내 성공이라고 생각했어. 돈도 명예도 아닌 바로 너. 그래서 그걸 위한 성공전략을 수립하고 실행했지."

"뭐라고? 결국 너의 전략에 내가 넘어갔다는 거야?"

"그런 셈이지! 그동안 내가 일에 관해서는 너에게 냉정하게 굴었던 것도 네가 스스로 회사에서 성공한 사람이 되는 길을 찾기를 바랐기 때문이었어. 다른 사람이 찾아주는 길과 방법은 진정한 자신의 전략이 될 수 없을 테니까."

그동안 있었던 모든 일들에 정말로의 세밀한 전략이 숨겨져 있었다니! 홍 대리는 놀라움을 숨길 수 없었다.

"사실 그렇게 보자면, 이 전략은 이미 14년 전에 수립했고 14년 동안 진행된 거야. 고등학교 2학년 말에 내가 미국으로 갔던 것도 사실은 다 너 때문이거든."

"뭐? 나 때문에 미국에 간 거라고?"

정말로는 살짝 웃으며 고개를 끄덕였다.

"너도 알다시피, 그때 나는 공부도 못하고 뚱뚱하고 못생긴 여고생이었지. 너는 공부만 하느라 잘 몰랐겠지만 말이야, 너 은근 인기 많았다? 여자애들 중에 너한테 관심 두는 애들이 꽤 있었지. 물론 너는 그때도 눈치가 없어서 아무것도 몰랐겠지만 말이야. 너는 못생기고 털털한 나를 이성으로 생각하지 않아서 나와 편하게 어울렸겠지만, 사실 나는 너를 많이 좋아했었어."

이건 또 무슨 말인가? 홍 대리가 고등학교 때 여학생 사이에서 인기가 많았다고? 평생 여자한테 인기 있어본 적이 없던 홍 대리로서는 상상도 못한 이야기였다. 정말로는 이야기를 계속했다.

"그때 내가 너의 마음을 얻을 수 있는 방법은 전혀 없었어. 나보다 더 예쁘고 더 잘난 여학생이 관심을 보여도 전혀 알아채지 못하던 너였으니까 말이야.

그래서 그때 나는 결심했지. '지금 현재 내 모습으로는 절대 홍인범의 마음을 얻을 수 없을 것이다. 하지만 미래의 내 모습은 달라질 수 있다. 나는 멋진 모습이 되어서 홍인범 앞에 다시 나타날 것이다'라고.

그리고 나 정말 공부 열심히 했다? 너에게는 그냥 미국 가서 어쩌다 보니 공부를 잘하게 되었고 어쩌다 보니 맥스턴 경영컨설팅 그룹에 들어가게 되었다고 이야기했지만, 사실은 나 정말 공부 열심히 했어. 맥스턴 경영컨설팅 그룹에 들어가기 위해서 얼마나 노력했는지 몰라. 그래야 한국으로 가서 일할 수 있으니까 말이야. 다이어트도 얼마나 독하게 했는지 너는 상상도 못할 거야.

장장 14년에 걸친 노력으로 내 전략은 성공했고 내가 원하는 모습으로 다시 한국으로 돌아올 수 있었어."

홍 대리는 정말로의 말을 믿을 수가 없었다. 14년 전부터 좋아하고 있었다고? 이 모든 것이 정말로의 전략이었다고?

"내가 원하는 모습으로 한국으로 돌아오는 데까지는 성공했지만, 문제는 너를 다시 만나는 것이었지. 그건 전략으로 되는 게 아니더라고. 아무리 고민하고 노력한다고 해서 되는 일은 아니더란 말이지.

그래서 널 만나는 건 포기했지. 뭐, 불법으로 흥신소를 붙일 수도 없고, 아무리 노력해도 내가 할 수 없다는 것을 인정하고 포기하는 것도 전략이니까.

나는 운명을 믿고 기다리는 것을 선택한 거야. '최선을 다해 노력하되 안 되는 것은 포기하자'는 것은 내 삶에서 가장 중요한 전략적 선택이거든."

정말로는 홍 대리를 향해 미소를 지었다.

"그런데 운명처럼 너를 다시 만나게 된 거야!"

홍 대리도 정말로를 향해 그윽한 미소를 지으면서 말했다.

"정말로, 역시 너는 전략 천재야. 그리고 고마워. 가진 것도 없는 나에게 위대한 전략을 펼쳐줘서."

"네가 가진 것이 없기는. 정말로 가진 것이 없는 사람은 나야. 막상 너를 다시 만나고 난 후에 너의 마음을 얻으려고 하니 내가 가진 거라곤 아무것도 없더라고. 그나마 전략 컨설턴트로 일한 나의 전략에 대한 지식과 경험 정도?

하지만 내가 가진 것 중에서도 무엇보다 너에게 잘 통한 것은 바로 나의 진심이었어. 내가 얼마나 오랫동안 너를 생각하고 미래에 너와 함께 행복한 시간을 보내는 상상을 했는지는 너는 상상도 못할 거야. 지난 14년간 한 번도 잊은 적이 없을 정도니까.

14년간 그려온 상상이 현실로 이뤄진다는 것을 알았을 때, 나는 내가 진정으로 바라는 대로 미래는 이뤄진다는 것을 알게 되었지. 내가 진정으로 바랬기 때문에 세별전자 로비에서 너는 나를 만나게 된 거야. 그건 전략이 아니야. 바로 내 진심인 거지.

진심으로 바라면 그 어떤 자원보다 더 강력한 무기가 되니까 말이야. 나의 진심이 결국 통한 것이지!"

두 사람은 서로를 바라보며 환한 미소를 지었다.

"홍인범, 너는 사실 처음부터 진심 없이는 그 어떤 전략도 소용없다는 것을 알고 있었어. 진짜 전략 천재는 바로 너야!

사랑해! 전략 천재가 된 홍 대리!"

나가는 이야기

"홍 대리, 이리 와 봐!"

홍 대리가 출근하자마자 어중간 부장이 홍 대리를 불렀다.

"네, 부장님!"

홍 대리는 이제 더 이상 회사에서 실수하고 우울하고 자신감 없고 야단 맞고 깨지는 사람이 아니었다.

"이거 왜 이런 거야? 내가 어제 분명히 자료를 다운받아놨었는데?"

어중간 부장은 자료를 보여주면서 말했다. 홍 대리는 이제 어중간 부장이 가장 신뢰하고 의지하는 핵심 인재였다.

"이것 봐. 자료가 반밖에 안 남았어!"

"어? 정말 그러네요!"

홍 대리는 어중간 부장의 컴퓨터에 바이러스 검사를 해보았다.

"부장님, 지독한 바이러스가 있는데요?"

"그래? 그럴 리가. 바이러스 백신 프로그램을 내가 얼마나 열심히 업데이트하고 있는데!"

"요놈은 지독한 놈이라 백신에 안 걸렸나 봐요. 그러고 보니 감염 날짜가 오래전인데, 부장님 컴퓨터 때문에 제 컴퓨터까지 감염됐나 봐요. 그때 파일 사라진 것도 이 바이러스 문제인 것 같네요."

홍 대리가 웃으면서 말했다.

아닌 게 아니라, 홍 대리는 보고서 자료가 삭제된 이유가 최강수 과장 때문이 아니라 바이러스 때문이었다는 사실을 얼마전에야 알았다. 그런데 감염 원인이 어중간 부장일 줄이야. 범인을 여기 두고 최강수 과장을 의심하다니, 그리고 그 범인이 오히려 적반하장으로 화를 내다니, 억울하기 짝이 없는 일이지만 다 지난 일 어떻게 하겠는가?

"아, 그래? 바이러스가 있었어? 그럴 리가 없는데!"

어중간 부장은 끝까지 인정하지 않고 고집을 부렸다. 어쨌건 최강수 과장이 범인이 아니라는 사실만으로 홍 대리의 마음은 행복했다.

"그나저나, 홍 대리. 아니, 아니 홍 과장. 아이고, 미안하네. 홍 대리가 과장 승진한 지가 언제인데 아직도 홍 대리가 입에 붙어서 말이야. 어쨌건 요즘 정말로 컨설턴트는 어디서 컨설팅 프로젝트 중이신가?"

어중간 부장은 괜히 미안한지 말을 돌렸다.

"요즘은 집에서 우리 가정의 미래전략을 컨설팅 중이에요. 배 속에 있는 아기도 신경 쓸 겸 요즘은 현모양처처럼 살림도 하고, 작가처럼 하루 종일 책 읽고 글을 쓰기도 하고, 또 어떤 때는 철학자가 된 것처럼 생각만 할 때도 있구요."

홍 대리가 웃으면서 말했다.

'아, 그러고 보니!'

홍 대리는 언젠가 정말로가 했던 이야기가 떠올랐다.

"혹시 모르지. 우리 다음다음 세대에서는 수명이 엄청나게 늘어나서 200살이나 300살까지 살 수 있을지도. 만약 그렇다면 나는 100년은 컨설턴트로 살아보고, 다음 100년은 작가로 한번 살아보고, 다음 100년은 현모양처로 살아보고 싶어. 그리고 사유하는 철학자로 한번 살아보고 싶기도 해."

지금 그녀는 200살이나 300살까지 살지 않고도 그 모든 걸 다 하고 있는 중이었다. 가정의 미래전략 컨설턴트, 작가, 현모양처, 그리고 철학자까지!

많은 사람들이 돈이나 명예를 성공의 기준으로 삼곤 한다. 하지만 자신만의 성공이 무엇인지 확실히 아는 사람들은 오히려 돈이나 명예를 포기함으로써 진정 행복한 성공을 이룬다.

홍 대리가 어중간 부장에게 웃으면서 말했다.

"어쨌건 지금 그녀는 가장 행복하대요. 진정한 성공을 이룬 것이죠, 바로 자신의 미래전략을 통해서 말이죠."

홍 대리는 정말로를 떠올리면서 환하게 웃었다.

미래전략을 스스로 창출하는 전략가가 되는 법
전략 천재가 된 홍 대리

초판 1쇄 인쇄 2015년 11월 24일
초판 1쇄 발행 2015년 12월 1일

지은이 권경민
펴낸이 김선식

경영총괄 김은영
마케팅총괄 최창규
책임편집 봉선미 디자인 김희연 크로스교정 박지아
콘텐츠개발1팀장 류혜정 콘텐츠개발1팀 한보라, 박지아, 봉선미, 김희연
마케팅본부 이주화, 이상혁, 최혜령, 박현미, 이승민, 정명찬, 김선욱, 이소연
경영관리팀 송현주, 권송이, 윤이경, 임해랑
일러스트 삼식이

펴낸곳 다산북스 출판등록 2005년 12월 23일 제313-2005-00277호
주소 경기도 파주시 회동길 37-14 3, 4층
전화 02-702-1724(기획편집) 02-6217-1726(마케팅) 02-704-1724(경영관리)
팩스 02-703-2219 이메일 dasanbooks@dasanbooks.com
홈페이지 www.dasanbooks.com 블로그 blog.naver.com/dasan_books
종이 월드페이퍼(주) 출력·제본 갑우문화사 후가공 이지앤비 특허 제10-1081185호

ISBN 979-11-306-0647-7 13320

ⓒ권경민, 2015

· 책값은 뒤표지에 있습니다.
· 파본은 구입하신 서점에서 교환해드립니다.
· 이 책은 저작권법에 의하여 보호를 받는 저작물이므로 무단 전재와 복제를 금합니다.
· 이 도서의 국립중앙도서관 출판시도서목록(CIP)은 서지정보유통지원시스템 홈페이지(http://seoji.nl.go.kr)와
  국가자료공동목록시스템(http://www.nl.go.kr/kolisnet)에서 이용하실 수 있습니다. (CIP제어번호 : CIP2015029824)

다산북스(DASANBOOKS)는 독자 여러분의 책에 관한 아이디어와 원고 투고를 기쁜 마음으로 기다리고 있습니다.
책 출간을 원하는 아이디어가 있으신 분은 이메일 dasanbooks@dasanbooks.com 또는 다산북스 홈페이지 '투고원고'란
으로 간단한 개요와 취지, 연락처 등을 보내주세요. 머뭇거리지 말고 문을 두드리세요.